BRUCKMANNS LÄNDERPORTRÄTS

ARGENTINIEN CHILE

»Hinter mir, dem Süden zu, hatte das Meer
die Landstriche zerbrochen mit seinem Hammer von Eis
aus der klirrenden Einsamkeit
wurde das Schweigen plötzlich zum Archipel
und grüne Inseln umgürteten die Taille
meines Landes
wie Pollen oder Blütenblätter einer Meeresrose,
und ausserdem, tief waren die von Leuchtkäfern
glühenden Wälder, der Schlamm phosphorizierend,
die Bäume liessen lange Seile hängen
wie in einem Zirkus, und das Licht lief Tropfen zu Tropfen
wie des Dickichts grüne Tänzerin«

Pablo Neruda

BRUCKMANNS LÄNDERPORTRÄTS
ARGENTINIEN CHILE

Fotografie: Udo Bernhart
Text: Dagmar Kluthe

BRUCKMANN

Inhalt

Kaleidoskop

[Fruchtbares Land 8](#)

Landschaften und Regionen

Die Städte 20

[Von Buenos Aires bis ans Ende der Welt 24](#)
Eine Stadt auf der Überholspur 26
Leben und Sterben 31 · Die Mütter der Plaza de Mayo 32 · Das Hafenviertel La Boca 35 · Tango: »Ein trauriger Gedanke, den man tanzen kann« 39 · Santiago 41 · Wachwechsel 44 · Valparaiso 45 · Ushuaia 48 · Punta Arenas 49

Die Wüsten 52

[Grandiose Einsamkeit 56](#)
Salta 59 · Jujuy 61 · Humahuaca 62
Von Salta nach Tucuman und Tafí delle Valle 63 · Die Atacama 65

Das Wasser 72

[Alles fliesst 76](#)
Die Wasserfälle von Iguazú 76
Unterwegs nach Bariloche 80 · Die Kanäle und Fjorde Feuerlands 80
Das Seengebiet der chilenischen Schweiz 86

Berge und Vulkane 88

[Symbol des Unmöglichen 92](#)
Cerro Torre 94 · Torres del Paine 94
Osorno 95 · Licancábur 95

Die Weite 96

[In Patagonien 100](#)
Termas de Puyuhuapi 102 · Alerce Mountain Lodge 102

Das Eis 104

[Whisky on the rocks 106](#)
In der Laguna San Rafael 106

Die Inseln 108

[Seltene Kleinode 112](#)
Die Falklandinseln 112 · Das eisige Ende der Welt 113 · Rapa Nui: Insel der steinernen Männer 116 · Chiloé 120

Daten und Fakten

Zeittafel 124
Argentinien und Chile
von A bis Z 126
Register 128

Kaleidoskop

Nichts ist von ihrer Faszination verloren gegangen. Gerade im 21. Jahrhundert sind Argentinien und Chile noch Orte, an denen Träume wahr werden: Sie stillen die Sehnsucht nach Abenteuer, nach Weite, Einsamkeit und gewaltiger Natur.
Wie ein Goliath beherrscht Argentinien die Südspitze Südamerikas. An seiner westlichen Flanke schmiegt sich Chile an die Küste, getrennt durch die imposante Andenkette. Die Superlative sind bei dieser Ausdehnung allgegenwärtig.

Dort, wo die Welt zu Ende ist, treffen sich Eis, Wasser und Horizont.

Fruchtbares Land

Für die ersten Europäer waren Chile und Argentinien nichts als eine Enttäuschung. Berauscht von den Reichtümern Mittelamerikas, kämpften sich die Konquistadoren über die Kordilleren und durch die Wüste. Ihre Gier nach noch mehr Gold und Silber trieb sie an. Doch zu holen gab es nichts.

Auch um das Jahr 1900 setzte man auf Chile und Argentinien große Hoffnung: Diesmal war es die Suche nach Arbeit. So mancher besaß nichts als ein paar starke Arme und einen Kopf voller Ideen – und seine kühnsten Träume wurden wahr.

Hundert Jahre später haben sich die beiden Länder gründlich voneinander

entfernt. Während Argentinien sich von einem Ein- zu einem Auswanderland zu wandeln droht, weil die Menschen die Hoffnung auf ein neues Leben verloren haben, übt Chile heute eine starke Anziehungskraft aus.

Argentinien, nach Brasilien der zweitgrößte Staat Südamerikas, reicht im Norden an die tropischen Wälder von Brasilien, Paraguay und Bolivien heran. Tausende von Kilometern Atlantikküste im Osten und die mächtige Andenkette im Westen sind seine natürliche Begrenzung. Im Süden ist der Kontinent dann schließlich ganz einfach zu Ende; die Felsen von Kap Horn bilden die äußerste Spitze des Erdteils.

Viele Superlative der Natur stecken in diesen fast drei Millionen Quadratkilometern, die sich über 34 Breitengrade erstrecken. Da wären die Sechstausender in den Anden, darunter der Aconcagua (6962 m) als höchster Berg Amerikas, während auf der anderen Seite der Rio de la Plata ungeheure Wassermassen in den Atlantik gießt. Er gehört zu den wasserreichsten Flüssen der Erde – nur der Amazonas ist mächtiger. Dann sind da noch die Hochebenen der Puna im Nordwesten, die subtropischen Regenwälder und die Sumpflandschaften im Nordosten, die endlosen Weiten Patagoniens und der Pampa, die Gletscher Feuerlands.

Heute leben 37 Millionen Menschen in Argentinien, allein 14 Millionen in der Hauptstadt Buenos Aires. Kein anderes Land Südamerikas hat ähnlich viele Einwanderer aufgenommen, sodass man den Argentinier argentinischen Ursprungs lange suchen muss. Ohnehin haben die meisten Ureinwohner die Ära der Konquistadoren und ihrer Nachfolger nicht überlebt; neben den wenigen »Echten« gibt es eine geringe Zahl von Mestizen, Mischungen aus Indianern und Spaniern.

Was überrascht: Argentinien gehört zu den reichsten Ländern der Erde. Neben Bodenschätzen wie Erdgas, Erdöl, Kohle und Metallen ist es der fruchtbare Boden, der das Sprichwort »reich wie ein Argentinier« begründete. Millionen von Rindern grasen in der Pampa, und Getreidefelder sind so groß, dass sie sich unserer europäischen Vorstellungskraft entziehen.

Chile mauserte sich nahezu lautlos zum »Tiger Südamerikas«. Es lebt vom Export – Nummer eins ist das Kupfer aus den großen Minen im Norden wie Chuquicamata bei Calama und La Escondida bei Antofagasta. Auch in der relativ jungen Fischzucht hat sich die Nation nach vorne gearbeitet und darf sich heute zweitgrößter Lachsexporteur der Welt nennen. Der kalte Humboldtstrom, der an der Küste vorbeifließt, sorgt für die reiche Ausbeute an Fischen und lässt das Land als Fischereination an vierter Stelle hinter Japan, China und Russland stehen. Vom Boden ist nur ein Viertel landwirtschaftlich nutzbar, die fruchtbarste Region liegt in den Flusstälern im Dunstkreis von Santiago. Dort findet man die

Weinberge, die Gemüsefelder und die Obstplantagen.

In der Sprache der Aymará-Indianer bedeutet Chile »dort, wo die Welt zu Ende ist«. Eingeklemmt zwischen Anden und Pazifik leben 15 Millionen Chilenen in einem Land, das 4329 Kilometer lang ist, aber eine maximale Breite von 180 Kilometern besitzt. Rund ein Drittel davon wohnt in der Hauptstadt Santiago de Chile. Außer tropischem Urwald besitzt Chile alle erdenklichen Vegetationsformen, von der extrem ariden Wüste Atacama, die unter allen Wüsten der Erde die trockenste ist, bis zu den Gletschern Feuerlands. Es ist außerdem ein Land der Vulkane – viele schlafende und 130 aktive. Vulkanausbrüche durchziehen die Geschichte Chiles, und es gibt kaum eine Stadt, die nicht schon mehrfach wieder aufgebaut wurde. Die letzte spektakuläre Eruption ereignete sich im Jahr 1993, als der Lascar zu spucken anfing und sein Ascheregen bis an die Atlantikküste getragen wurde.

Nichts verkörpert den südamerikanischen Lebensstil so sehr wie die großen Landgüter. In Argentinien heißen sie Estancias, während die Chilenen von Haciendas sprechen. Aber fast immer sind es imposante Herrenhäuser, eingerahmt von prachtvollen Gärten in-

mitten von vielen tausend Quadratmetern Landbesitz. Hier wohnte einst die herrschende Klasse, die besonders einflussreich in Argentinien war, da hier auf ihrem Boden der Weizen wuchs und auf ihren Weiden die Rinder und Schafe grasten, die den Reichtum des Landes begründeten. Ihre Vorfahren kamen aus Europa, und der Lebensstil der Alten Welt wurde zum Maß aller Dinge gekürt. Sie importierten Glanz und Gloria aus London, Paris und Florenz. Aus ihren Häusern wurden kleine Kopien eines Versailles oder toskanische Palladio-Villen. Wer weniger Geld oder mehr Geschmack hatte, nahm sich die Architektur des Kolonialstils, den die Spanier im 16. Jahrhundert nach Südamerika brachten, zum Vorbild. Als wollte man der Realität des harschen Wetters Patagoniens und der endlosen, öden Pampa entrinnen, schichtete man in den Häusern die Teppiche übereinander, Porzellanmohren hielten die Kandelaber in ihren Händen, und in den Bibliotheken standen ledergebundene Bücher. Draußen in den Parks pflanzte man exotische Bäume; auch Wasserspiele durften nicht fehlen, ebenso wie griechische Skulpturen. Und die Winter verbrachten die Rinderbarone der Pampa dann in der Heimat ihrer Vorfahren. Mit Kind und Kegel reiste man in die Ferienorte des feinen Europa und belegte ganze Hoteletagen. Manche hatten sogar ihre eigene Kuh dabei, weil sie der europäischen Milch nicht trauten.

Diese ganz und gar künstliche Welt erzählt nichts von den rabiaten Methoden der Estancieros, die ihre Arbeiter schonungslos ausbeuteten und sie im Zug der »encomienda« für den Aus- und Aufbau ihrer Ländereien missbrauchten. Eines der dunklen Kapitel ist dabei die Revolte auf der Estancia Santa Anita der schwerreichen Familie Braun-Menendéz, die im Jahr 1921 ih-

re Arbeiter vom Militär kurzerhand niederschießen ließ, weil sie eine bessere Bezahlung forderten.

Ihre Blütezeit erlebten die Estancias, als die Eisenbahn die Transportwege zum Hafen verkürzte und die Gefrierschränke auf den Markt kamen. Denn nun konnte das Fleisch auch über den Atlantik geschifft werden. Die Herrenhäuser inmitten der Weizenfelder und Rinderherden wurden zum Inbegriff von Reichtum und zur Geburtsstätte der Caudillos, die, um ihrem forschen Tatendrang nachzugeben, immer skrupellosere diktatorische Methoden einsetzten.

Das 20. Jahrhundert nagte beträchtlich an diesem Image, denn die Weltwirtschaftskrise und die sozialen Programme Peróns ließen die Rechnung einfach nicht mehr aufgehen. Hinzu kam, dass die Ländereien durch die Erbteilung immer kleiner wurden und manche Estancias nur mehr über einen kleinen Bruchteil des früheren Besitzes verfügten.

Aber ganz verschwunden sind sie nicht, die Herrenhäuser mit Park und Brunnen, und auch den Lebensstil ihrer Besitzer gibt es noch immer, wenngleich er etwas bescheidener geworden ist. Die Estancieros nutzen heute die Popularität ihrer Häuser und laden sich zahlungskräftige Gäste ein, die gerne mal auf der herrschaftlichen Terrasse den Blick über den Park schweifen lassen, oder wie anno dazumal auf dem Pferderücken die Grenzen des Besitzes abreiten.

So geht es zum Beispiel auf der feinen Estancia Villa Maria in der Nähe von Buenos Aires zu, die schon mehr einem Schlosshotel als einem Landsitz ähnelt, oder auf der Finca Los Los in

der Nähe von Salta im Nordwesten Argentiniens. Hinter Tabakfeldern, die gerade gejätet werden, liegt das Herrenhaus versteckt hinter Hecken und großen Bäumen. Nur die dunkelgelbe Fassade im Kolonialstil blitzt ein wenig hervor. Und im Garten blühen Rosen und Hortensien.

Am Nachmittag warten die Pferde auf den Ausritt. An ihren Sätteln sind mächtige Guardamontes befestigt – zum Schutz der Reiterbeine gegen stachelige Äste. Vorbei geht es an weiteren großen Häusern, die den Brüdern ihres Mannes gehören. Die Costas, eine sehr bekannte Familie in Salta, sind in ihrer Heimat geblieben. Der Ritt führt durch ein pittoreskes Flusstal, in dem sich die Guardamontes bewähren. Juan reitet mit der Machete vorneweg reitet und schlägt alle störenden Äste ab. Im Winter regnet es viel, da kann man die Wege kaum freihalten.

Der schönste Ausflug aber geht nach Molinos – das sind fünf Tage mit Zelt und Packpferden. Intensiver kann man die Landschaft nicht kennen lernen. Und Juan reitet wie ein Gaucho. Lässig und souverän sitzt er auf seinem tänzelnden Pferd, personifiziert den Mythos von Freiheit und Mut und, notabene, den Verführer der Frauen. Jeder Schüler kann hier die Verse aus dem romantischen Epos des Martin Fierro zitieren, das José Hernandez im Jahr 1879 verfasste. Darin wird den verwegenen Reitern ein Denkmal gesetzt: »Singend muss ich sterben und singend sollen sie mich begraben.«

Die Gauchos verachten den Tango und spucken auf Buenos Aires und sein gelacktes Gesindel. Sie lieben den Himmel, die Erde und die Pampa, wo sie einst die Herren waren. Sie gleichen den wilden Pferden, die sie zureiten und die nur schwer zu zähmen sind. In seinem Herzen sehnt sich jeder Argentinier ein wenig danach, ein Gaucho zu sein. Doch es bleibt ein Wunschtraum. Die Pampa ist schon parzelliert.

Als die weiten Ebenen noch keinen Stacheldraht gesehen hatten und die Indianer sowie verwilderte Rinder dort lebten, wurde der Typus des Gauchos geschaffen: ein Mestize aus einem Spanier und einer Indianerin. Quasi im Sattel geboren, konnten sie reiten wie kein anderer und fürchteten weder den Teufel noch das Weihwasser. Raufend, saufend und stehlend zogen sie über die Ebenen, bis man die Pampa einzäunte und aus der großen Freiheit eine monatliche Lohntüte wurde. Als brave Landarbeiter, als Peones, treiben sie heute ein paar Rinder am Straßenrand entlang, begleitet von Hunden.

Dagegen war der Huaso, der kühne Reiter Chiles, nie ein wirklich wilder Cowboy; er lebte schon immer am Rande der Haciendas. Zum Schutz der großen Ländereien wurden die Huasos von dem Hacendero als Pächter angeworben und für die Arbeit in der

Schmiede, Mühle, Gerberei oder in der Herstellung des Trockenfleisches »charqui« bezahlt. Bei ihren Festen und Rodeos kann man sie in ihrer ganzen Pracht bewundern: Mit breiten, silberbeschlagenen Gürteln, aufwändig verziertem Messerknauf und klirrenden Sporen, mit einem farbigen Poncho und einem breitkrempigen Hut zeigen sie ihr ganzes Können bei den Rodeos: In einer ovalen Arena treiben zwei Reiter einen Stier an der Wand entlang und versuchen, ihn schließlich zum Stehen bringen. Je eleganter die Vorführung ist, desto mehr Punkte sammelt das Team. Eines der schönsten Rodeos findet in Rancagua, südlich von Santiago, statt.

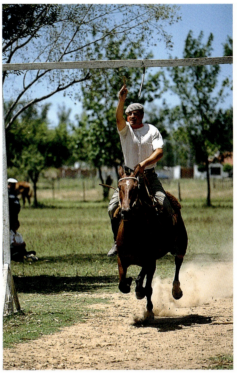

»Grüne Inseln umgürteten die Taille meines Landes«: Wie kein anderer schwärmte Pablo Neruda von der Schönheit seiner Heimat Araukanien, voller Poesie beschrieb er die ungezähmte Natur der Wälder, Flüsse und Vulkane; er war ein Leben lang begeistert von der wilden Pazifikküste. Südamerika erwiderte diese leidenschaftliche Zuneigung und erkor ihn zu seinem bedeutendsten Lyriker. Als Neftalí Reyes im Süden Chiles geboren, borgte er sich später den Künstlernamen des tschechischen Dichters Jan Neruda. Seine Jugend verbrachte er in Temuco und begann im Jahr 1921 ein Französischstudium in Santiago. Ohne Abschluss verließ er die Universität und arbeitete ab dem Jahr 1927 im diplomatischen Dienst, der ihn in verschiedene Länder führte. Schon drei Jahre zuvor gelang ihm der literarische Durchbruch mit dem Gedichtband »Zwanzig Liebesgedichte und ein Lied der Verzweiflung«. Ganz gegen den damals aktuellen Trend des Kühlen und Unnahbaren waren die

KALEIDOSKOP

Gedichte geprägt von unverhohlener Zärtlichkeit und sanfter Melancholie.

Als Konsul Mitte der 1930er-Jahre in Barcelona und Madrid musste er die Grausamkeiten des Bürgerkriegs mit ansehen. Tief berührt von der Ermordung des Dichters Frederico García Lorca, wandelte sich seine Naturlyrik in eine Dichtung mit politischem Hintergrund. Im Jahr 1950 erschien sein berühmtes Meisterwerk »Canto general«, der große Gesang. In diesem gewaltigen Versepos erzählt er die Geschichte von Lateinamerika, schildert Konquistadoren und Inkakönige, Freiheitskämpfer und Diktatoren. Und immer wieder die schillernde Natur des grandiosen südlichen Amerikas.

Mitte der Vierzigerjahre wurde Neruda Mitglied der kommunistischen Partei und musste im Jahr 1948 das Land verlassen, nachdem er sich mit einer Protestrede im Senat gegen ein Verbot dieser Partei gewehrt hatte. Er lebte in Europa und kehrte 1952 nach Chile zurück.

Längst war Neruda zum populärsten Dichter des Landes erhoben worden; er war ein Literat zum Anfassen, ein Bonvivant und ein Frauenheld. Seine drei Ehen, die letzte mit Matilde Urrutiá, waren an diesem Ruf sicherlich nicht ganz unschuldig. Legendär war auch seine Sammelleidenschaft: Aus allen Ländern schleppte er Souvenirs heran und brachte sie in seine drei Häuser. Im Jahr 1971 wurde er mit dem Nobelpreis für Literatur ausgezeichnet. Sein politisches Engagement intensivierte sich, und er unterstützte die Wahl von Salvador Allende zum Staatspräsidenten mit allen Kräften. Doch das Glück war nur von kurzer Dauer, denn schon im Jahr 1973 wurde sein Freund von den Militärs gestürzt und kam unter ungeklärten Umständen ums Leben. Im September desselben Jahres erlag Neruda seinem Krebsleiden.

Nach seinem Tod ließ das Militärregime seine Häuser verwüsten. Heute kümmert sich die Fundación Neruda um sein Erbe; die wieder instand gesetzten Häuser sind als Museen geöffnet. Auch hat Neruda seine letzte Ruhe an seinem Lieblingsort gefunden: direkt vor den Felsen des Pazifik, im Garten von Isla Negra.

Die Chilenen verbinden das Elqui-Tal nicht nur mit dem viel geliebten Aperitif des Pisco; dort wurde auch Gabriela Mistral geboren, die 1945 den ersten Nobelpreis Lateinamerikas erhielt. Im Gegensatz zu ihrem Nachfolger, dem weltoffenen und vergnügten Neruda, war sie eine durch und durch tragische Figur, aber wie er stand sie im diplomatischen Dienst ihres Landes und trug damit ganz wesentlich zur Stärkung einer kreolischen Identität bei.

Als Lucila Godoy Alcayaga 1889 in Vicuña geboren, wurde ihr kein einfaches Schicksal zuteil. Der Vater verließ die Familie früh, und ihre Schwester Emiliana musste sie und ihre Mutter ernähren. Wohl der Not gehorchend, wurde sie Lehrerin wie ihre Schwester und arbeitete in einem Dorf bei La Serena. Dort entstanden die ersten Gedichte, die in der örtlichen Tageszeitung erschienen. Mit 17 Jahren verliebte sie sich in einen gewissen Romelio Ureta, der drei Jahre später Selbstmord verübte. Fortan bestimmte Schwermut ihre Dichtung. Im Jahr 1914 gewann sie ihren ersten nationalen Literaturpreis; die folgenden Gedichtbände brachten ihr internationale Anerkennung. Um sich ganz der Poesie widmen zu können, bot man ihr die Stelle eines Konsuls an, und Gabriela Mistral lebte lange Zeit in den Vereinigten Staaten. Doch ihre Gedanken blieben der Heimat sehr verbunden, und ihre Verse priesen das Elqui-Tal. Als sich ihr Neffe, der ihr sehr nahe stand, im Alter von erst 17 Jahren umbrachte, erholte sie sich von diesem Schock nicht mehr. Auch die Verleihung des Nobelpreises machte wenig Eindruck auf sie. Im Alter von 67 Jahren starb sie in New York. Die Erlöse aus ihren Büchern vermachte sie den Kindern in Montegrande – dort, wo sie ihre Jugend verbracht hatte. In jenem Schulhaus, das einst ihr Elternhaus war, ist heute ein Museum eingerichtet, ebenso wie in Vicuña, wo sie geboren wurde. In Deutschland ist Gabriela Mistral beinahe vergessen, momentan ist nur ein einziges Buch von ihr erhältlich: »Spürst du meine Zärtlichkeit?«

Zu den herausragendsten politischen Schriftstellern Chiles gehört Ariel Dorfman. Im Jahr 1942 in Buenos Aires geboren als Nachkomme jüdischer Einwanderer aus Russland, lebte er bis zum Jahr 1973 in Santiago und unterstützte die Politik Allendes. Nach dem Putsch musste er Chile verlassen und schrieb für amerikanische Magazine. Seit der Rückkehr einer zivilen Regierung lebt Dorfman nun in Santiago und in den USA, wo er als Professor der Lateinamerikanistik tätig ist. Sein Theaterstück »Der Tod und das Mädchen« machte ihn auch in Deutschland bekannt. Schon zuvor wurde es in London ausgezeichnet und von Roman Polanski verfilmt.

Auch Antonio Skármeta brachte ein Filmerfolg internationale Aufmerksamkeit: »Il postino« entstand nach seiner Novelle »Mit brennender Geduld« und erzählt die fiktive Geschichte einer Freundschaft zwischen dem Briefträger Mario Jiménez, dem Sohn eines Fischers in Isla Negra, und Pablo Neruda. Sogar als Neruda als Botschafter der Regierung Allende nach Paris geschickt wird, behält er den Kontakt zu seinem Briefträger. Dafür schickt ihm Mario auf Tonband die Glockentöne, das Meeresrauschen und das Sirren des Windes nach Frankreich.

Dagegen entführt Isabel Allende, die bei uns wohl bekannteste chilenische Schriftstellerin, in die Welt des 19. Jahrhunderts ebenso wie ins Reich der Sinne. Auch ihr Buch »Das Geisterhaus« wurde verfilmt. Sie ist eine Nichte des früheren Präsidenten Allende und lebt heute in Kalifornien.

Jorge Luis Borges wurde nie mit dem Nobelpreis ausgezeichnet, prägte die argentinische Literatur aber nachhaltiger als jeder andere. Im Jahr 1899 in Buenos Aires geboren, unternahm er mit seiner Familie ausgedehnte Reisen nach Europa, lebte in Genf und Mallorca und kehrte 1921 nach Argentinien zurück. Borges war außerordentlich belesen, übersetzte Kafka und las Schopenhauer im Original. Auch viele andere Literaturen konnte er in ihrer Muttersprache lesen und verglich sie mit der aus seiner Heimat. Seine Passion waren Mythen und Phantasien, die Überschneidung von Realem und Irrealem, was in Argentinien auf einen besonders guten Nährboden fiel und ihn zum Aushängeschild der Literatura fantástica machte. Eine fortschreitende Erblindung behinderte sein literarisches Schaffen, und er beschränkte sich auf die Gedichte, die er im Kopf formulieren konnte.

Dieser Gilde des Phantastischen gehört auch Adolfo Bioy Casares an, ein Freund und Zeitgenosse von Borges, der mit »Morels Erfindungen« seine Leser in die Welt des Metaphysischen entführt. An dieser Stelle darf auch der Name von Julio Cortazár nicht fehlen, der mit seinem vielschichtigen Antiroman »La Rayuela« internationales Interesse erregte und dessen Kurzgeschichte »Las babas del diablo« die Vorlage für Michelangelo Antonionis inzwischen zum Klassiker avancierten Film »Blow up« lieferte.

Ernesto Sábatos Roman »Über Helden und Gräber« gilt ebenfalls als Weltliteratur. Zur jüngeren Autorengeneration gehört Ricardo Piglia, in dessen Roman »Brennender Zaster« eine Verbrecherbande in Buenos Aires einen Geldtransport ausraubt. Offenbar verfügt die Bande über gute Kontakte zu Polizei und Politik. Das aber ist kein magischer Realismus, sondern orientiert sich an einer wahren Geschichte.

KALEIDOSKOP

LANDSCHAFTEN

 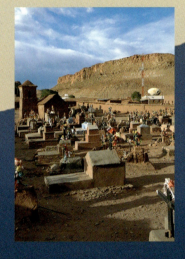 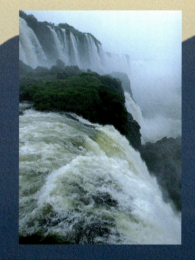

Die Städte: Von Buenos Aires bis ans Ende der Welt Seite 20	Die Wüsten: Grandiose Einsamkeit Seite 52	Das Wasser: Alles fliesst Seite 72

UND REGIONEN

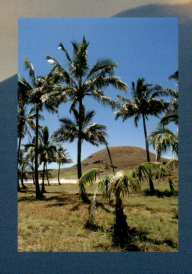

BERGE UND VULKANE: SYMBOL DES UNMÖGLICHEN
Seite 88

DIE WEITE: AUS DER EBENE
Seite 96

DAS EIS: WHISKY ON THE ROCKS
Seite 104

DIE INSELN: SELTENE KLEINODE
Seite 108

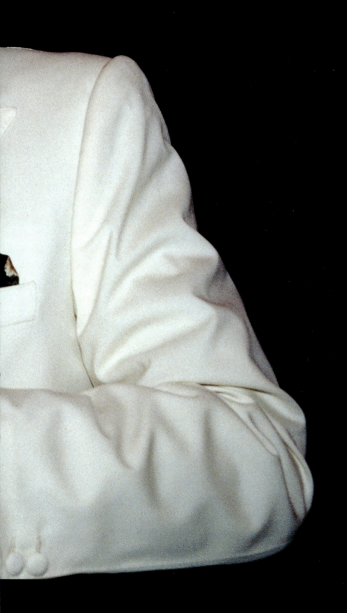

Sie sind Ballungszentren einer kunterbunten Gesellschaft, die auf engstem Raum ihr Lebensgefühl zelebriert und jeden einzelnen Tag zu einem schillernden Ereignis werden lässt.

Carlos Copello ist Argentiniens berühmtester Tangotänzer.

Pure Lebensfreude: Buenos Aires hat viele Gesichter.

Von Buenos Aires bis ans Ende der Welt

Es ist zwei Uhr morgens in Buenos Aires. Noch immer flanieren Nachtschwärmer auf der Avenida Corrientes, bilden sich Schlangen vor den Kinokassen zur letzten Vorstellung. Auch die zahllosen Buchläden sind voller Menschen, als blieben nur die nächtlichen Stunden zum Schmökern. Ohnehin gehört die Corrientes zu den Straßen, in denen niemals Ruhe einkehrt. Rund um die Uhr dröhnt Musik aus den CD-Läden und kreiert mit dem Lärm des Autoverkehrs und den unentwegt klingelnden Mobiltelefonen eine eigenwillige Melange. Die Einwohner von Buenos Aires, die Porteños, machen die Nacht zum Tage. Diese nimmermüde Lebenslust wirkt ansteckend, und die laue Nachtluft scheint einen durch die Straßen zu tragen. Mit dem Ende der Kinofilme erleben die Cafés einen neuen Ansturm; noch ist Zeit für einen letzten »cafecito«. Ungeachtet der Uhrzeit wird diskutiert und geplaudert, denn das Reden über Gott und die Welt gehört zum argentinischen Lebensgefühl. Dann dämmert der Morgen, und allmählich wird es ruhiger, als wolle die Stadt kurz durch-

atmen vor der nahenden Rush-hour. Schon blinzelt die Sonne vorsichtig durch die Bäume, und auf den Parkbänken sitzen bereits die ersten Zeitungsleser. Es ist sechs Uhr morgens.

EINE STADT AUF DER ÜBERHOLSPUR

Morgenstimmung in einer Stadt mit dem aufregendsten Nachtleben, den elegantesten Frauen, den größten Machos, den korruptesten Beamten, den schlimmsten Abgasen und den meisten Unfalltoten. Superlative einer Diva, die von ihren vergangenen goldenen Zeiten träumt und dabei von einer Rezession in die nächste stolpert. Doch von Buenos Aires fühlt man sich sofort gut aufgenommen, denn der Metropole am Rio de la Plata fehlen die Ansprüche von New York oder das Menschen verachtende Chaos von São Paulo. Vieles erinnert an das Europa der Jahrhundertwende, auch wenn die einstige Pracht oftmals etwas verlottert ist. Nichts von ihrem Charme haben die alten Aufzüge mit den Scherengittern verloren; die Messinggriffe an den schweren Mahagonitüren wurden bereits von tausenden von Händen berührt. Die Kaffeehäuser könnten ohne Probleme auch in Wien oder Paris stehen, wie das inzwischen leider geschlossene El Molino mit seinen imposanten Marmorsäulen oder das Café Tortoni, das noch immer eine Institution für Literaten darstellt. Als habe das abgegriffene Inventar einen nostalgisch verbrämten Geruch von Frei-

Metropole Buenos Aires: Einkaufsrausch in den Shopping Malls und argentinisches Laissez-Faire auf den Plätzen.

geist, Literatur und politischem Intellekt für alle Zeiten konserviert.

Die Bühne für das Leben in Buenos Aires sind die Avenidas. An erster Stelle steht die »Nueve de Julio«, eine gigantische Asphaltschneise, wo sich ein nie endender Verkehr auf zehn oder mehr Spuren bewegt. Nachtaufnahmen dieser Straße gehören zu den bekanntesten Fotos dieser Stadt und sind leicht zu erkennen, denn inmitten verschwimmender Scheinwerferlichter steht immer der elegante Obelisk. Die Porteños behaupten, es wäre die breiteste Straße der Welt, und ihre Fahrleidenschaft lässt das Überqueren der hundertdreißig Meter zu einem Duell zwischen Rädern und Beinen werden. Außer man hat schöne Beine – dann wird dieser Wettlauf mit einem Kompliment unterstützt. »Piropo« ist das beliebteste Hobby der lateinamerikanischen Männer.

Während sich auf der »Nueve« die Autos balgen, kämpfen sich die Fußgänger über die Calle Florida. Jeden Tag sind tausende von Menschen unterwegs, und wie magisch wird man in diese unendliche Woge von Körpern hinein gezogen. Nach gut zwei Kilometern ist man dann erschöpft. Dabei bleibt nur der Bruchteil einer Sekunde für den Blick ins Schaufenster, und mit Entschlossenheit muss man aus dem Menschenstrom ausscheren, um die Ladentür zu erreichen.

Ungeheuer stolz sind die Porteños auf ihre europäischen Wurzeln. Eher geringschätzig blicken sie dagegen auf die »Halbwilden« der Nachbarländer. Ausdruck ihrer kultivierten Lebensart ist allem voran das Teatro Colón – es gibt keinen berühmten Namen, der nicht einmal in diesem Opernhaus auf-

DIE STÄDTE

getreten wäre. Besonders in jener Zeit, als sich Europa in zwei Kriegen zerfleischte, war diese Bühne eine Insel der Seeligen für sämtliche Orchester und Solisten aus der Alten Welt. Die Stadt erlebte Sternstunden mit Enrico Caruso und Maria Callas, Placido Domingo und Luciano Pavarotti. Da standen Arturo Toscanini, Wilhelm Furtwängler oder Leonard Bernstein am Dirigentenpult. Als Dank an sein hinreißendes Publikum verschenkte Rudolf Nurejew seine Ballettschuhe, die heute im Museum gleich nebenan zu sehen sind.

Dabei waren die Anfänge mehr als mühsam, denn eigentlich sollte das mächtige Gebäude bereits im Jahr 1892 zur 400-Jahr-Feier der Entdeckung Amerikas eröffnet werden. Doch die Baumeister starben vor der Vollendung ihrer Ideen, und erst im Jahr 1907 konnten die Porteños ihr neues Opernhaus betreten und eine Architektur bewundern, die man von europäischen Prachtschlössern abgeguckt hatte.

Noch immer gehören die Premieren zu den gesellschaftlichen Höhepunkten der Saison, und die oberen Zehntausend wetteifern mit der Größe der Juwelen und der Eleganz ihrer Haute Couture. Denn mehr als alles andere liebt man die Selbstdarstellung. Das »fare bella figura« gehört zu Buenos Aires wie das Amen zum Gebet und dürfte ein Erbe der italienischen Vorfahren sein. Allein des Pomps wegen sollte man in Palermo das Pferderennen oder Polospiel besuchen; besonders die Wettkämpfe im Dezember sind aufregender als jede Modenschau.

Coca Cola ist überall: Mitternacht auf der Prachtstraße Nueve de Julio.

DIE STÄDTE

Dort zeigt sich die Crème de la Crème, denn Polo ist das Vergnügen der Reichsten. Doch wer für Pferde nichts übrig hat – eigentlich kaum vorstellbar in Argentinien –, der begibt sich zum Laufsteg im Stadtteil Recoleta. Besonders die Avenidas Alvear und Quintana sind gespickt mit Boutiquen, Restaurants und Cafés à la française.

LEBEN UND STERBEN

Es ist Anfang Dezember, und in der Stadt genießt man den Beginn des Sommers. Wochenlang hat es geregnet, nun sind die Parks ein Meer aus blühenden Bäumen in lila und gelb, verführt das satte Grün der Rasenflächen. Da lassen manche ihre Solariumbräune auffrischen, zeigen sich die ersten Bikinis der Saison. Nur das jaulende Kläffen durchbricht diese Idylle, denn die Parks sind auch die Reviere der professionellen Hundeausführer, die manchmal gleich zehn von ihnen an der Leine haben: Golden Retriever, Weimaraner und Dogge gehören zum Aushängeschild in den vornehmen Stadtvierteln.

Viele Porteños wollen sich ihre gesellschaftliche Stellung auch über den Tod hinaus bewahren: Auf dem Friedhof von La Recoleta findet nur jener seine ewige Ruhe, der es auch im Leben zu etwas gebracht hat. Neben der strahlend weißen Basilika del Pilar ist eine Miniaturstadt aus hunderten protzigen Mausoleen entstanden. Sie ist ein Spiegelbild des Landes, in dem Staatspräsidenten neben blutrünstigen Diktatoren liegen, verdienstvolle Generäle neben erfolgreichen Künstlern. Doch das Ziel der meisten Besucher ist der schwarze Marmorblock von Maria Eva Duarte de Perón, der legendären Evita. Dicke Panzerglasplatten schützen ihren einbalsamierten Leichnam aus Angst vor Schändung oder Raub. Erst im Jahr 1973 wurde sie nach Recoleta überführt, nachdem ihr Leichnam 21 Jahre lang herumgereicht wurde und man ihn schließlich in Mailand fand. Ehemann Juan Perón besaß übrigens nicht die Privilegien eines Grabes für einen Platz unter den Reichen – er musste mit dem Friedhof von La Chacarita im Westen der Stadt vorlieb nehmen.

Unvergessen sind Evitas Auftritte auf dem schmalen Balkon der Casa Rosada, die die Ansprachen auf der Plaza de Mayo zu einem Kult gemacht haben. Seitdem hat dieser Platz seine politische und gesellschaftliche Bedeutung nie mehr verloren, die Reden haben den Charakter einer Volksabstimmung, und jeder, dessen Programm ausgepfiffen wird, wird als Politiker kaum überleben. Hier haben Generäle die Präsidenten abgelöst und die Präsidenten die Generäle. Die Ar-

Für europäische Verhältnisse makaber: Auf dem Nobelfriedhof von La Recoleta werden um die Mittagszeit Särge ins Freie geschoben.

DIE STÄDTE

gentinier verlangten hier im Jahr 1945 die Freilassung von Juan Perón, und wenig später wurde er zum Staatsoberhaupt gewählt. Hier verkündete General Galtieri im Jahr 1982 die Invasion der Falklandinseln und musste nach kurzer Zeit die schmachvolle Niederlage gegen die Briten eingestehen. Nirgendwo zeigt sich das wahre Argentinien deutlicher als hier. Ein Volk, das ein tiefes Misstrauen gegen die Regierung hegt und große Verachtung für die Politik. Ein hochentwickeltes Land, das sich mit einem Eiertanz zwischen völliger Anarchie und diktatorischem Militärregime durch seine Geschichte zu mogeln scheint. Der Nobelpreisträger V.S. Naipaul sieht es pessimistisch: »Der Niedergang Argentiniens, so reich und so unterbevölkert – 23 Millionen Einwohner auf einer Million Quadratkilometer –, ist eines der großen Geheimnisse unserer Zeit«.

Die Mütter der Plaza de Mayo

An diesem Morgen hört man schon von weitem die Kampfgesänge des Peronismus, dann ertönt hektische Pop-Musik in Überlautstärke. Von einem Bratwurstgrill steigt würziger Rauch nach oben und verdeckt für wenige Sekunden das riesenhafte Porträt des ewig jungen Che Guevara. Plakate beschimpfen die Regierung wegen ihrer Geldpolitik und fordern das Recht auf Arbeit. Und natürlich darf das Schild nicht fehlen: »las Malvinas son argentinas« – die Falklandinseln gehören zu Argentinien. Der verletzte Stolz eines albernen Krieges hat eine tiefe Wunde gerissen.

Es ist Donnerstag, und in der Demonstration rund um die Pyramide sind auch die weißen Kopftücher der »Mütter der Plaza de Mayo« zu sehen. Sie protestieren mutige gegen die grausame Militärdiktatur: Seit 1977 klagen sie jeden Donnerstag das Schicksal ihrer verschleppten Kinder an. Die Hoffnung auf ein Wiedersehen haben sie auch nach einem Vierteljahrhundert nicht aufgegeben.

Die Plaza de Mayo ist das historische Herz von Buenos Aires. Ein rechteckiger Platz, angelegt im kolonialen Stil des 16. Jahrhunderts, als weltliche und kirchliche Macht noch vereint waren. Im Lauf der Jahrhunderte wurden fast alle Gebäude mehrmals umgebaut, und heute dominiert die aufwändige Architektur des Neoklassizismus, oftmals mit einem charmantem italienischen Einschlag. Bei der Kathedrale als eine der ältesten Kirchen der Stadt hat man sich zu guter Letzt etwas von den Griechen abgeschaut und einen hellenistischen Tempel vor die eigentliche Pforte gebaut. In einen Seitenschiff steht das imposante Mausoleum des Freiheitshelden José de San Martin, der als Freimaurer nicht innerhalb dereigentlichen Kirchenmauern ruhen durfte.

Schräg gegenüber liegt das frühere Rathaus des Cabildo, von dessen Balkon im Jahr 1810 die Unabhängigkeit von Spanien erklärt wurde. Heute ist dort ein Museum untergebracht, das mit Bildern und Dokumenten die Geschichte der Mai-Revolution erzählt, die dem Land die Eigenständigkeit brachte und aus dem ehemaligen Plazo Mayor die aktuelle Plaza de Mayo machte. Zu

»They dance alone«: Demonstration der Mütter der Plaza de Mayo, deren Kinder verschleppt wurden.

DIE STÄDTE

den vielen stattlichen Gebäuden mit ihren prunkvollen Fassaden gehören die ehemalige Kongresshalle, die Handelsbörse und die Staatsbank »Banco de la Nacion«, deren leere Tresore nur mehr die Schlagzeilen füllen.

Im Stadtteil San Telmo soll Buenos Aires seine seinen Ausgangspunkt genommen haben. Die Gründungsgeschichte liest sich etwas holprig: So soll Pedro de Mendoza, ein Abgesandter des spanischen Königs, bereits im Jahr 1536 in dem heutigen Parque Lezama campiert haben, doch die nicht enden wollenden Attacken der Querandi-Indianer vergraulten die Spanier bald. Danach dauerte es ganze vier Jahrzehnte, bis ein gewisser Juan de Garay die Siedlung »Puerto de Nuestra Senora de Santa Maria del Buen Ayre« gründete, benannt nach der Schutzpatronin der Segelschiffe. Doch für lange Zeit blieb es eine unbedeutende Festung; schon längst waren mit Salta, Tucuman, Mendoza und Santiago del Estero propere Orte entstanden, die im Dunstkreis der Silberhandelswege lagen. Aufwärts ging es mit Buenos Aires erst, als es die Hauptstadt des im Jahr 1776 gegründeten Vizekönigreiches La Plata wurde, das sich bis dato mit Schmuggel und Sklavenhandel einen eher zweifelhaften Ruf geschaffen hatte.

Mit Beginn des 19. Jahrhunderts wollten dann auch die Engländer etwas vom lukrativen Kuchen Südamerika abhaben, und im Rausch von Eroberungen segelten wagemutige Kapitäne an den Rio de la Plata. Während sich Spanien als Verbündeter der Engländer mit Napoleon herumschlug, nutzten jene Seehelden die Gelegenheit, sich Buenos Aires im Jahr 1806 unter den Nagel zu reißen. Diese Attacke und ein zweiter Angriff im Folgejahr scheiterten an der erfolgreichen Gegenwehr der Einwohner. Dieser Sieg ohne die Hilfe des Mutterlandes gab den Criollos, den in Südamerika geborenen Spaniern, ein solches Selbstbewusstsein, dass sie 1810 ihre eigene Regierung einsetzten.

Jenes elegante und großbürgerliche Buenos Aires, das heute alle Besucher bewundern, entstand aber erst in der Mitte des 19. Jahrhunderts. Die Schiffe brachten die Luxusgüter aus westlichen Metropolen, die mit Weizen und Rindern aus der Pampa bezahlt wurden, und innerhalb kurzer Zeit entwickelte sich die Stadt zum Mittelpunkt Südamerikas.

Gardesoldat vor der Casa Rosada.

Das Hafenviertel La Boca

Mit den Dampfern kamen auch tausende von Menschen, die sich in Argentinien ein besseres Leben erhofften. In dem Hafenviertel von La Boca landeten Einwanderer aus dem Süden Italiens und aus Spanien. Für den Besucher ist La Boca fest mit »El Caminito« verbunden: Mit dem Wellblech aus den Schiffswracks bauten die Einwanderer ihre ersten Hütten, und mit der Schiffsfarbe gaben sie der Tristesse etwas Fröhlichkeit. Heute sind diese kunterbunten Häuser eine Attraktion, unterstützt von den farbenfrohen Bildern des Malers Benito Quinquela Martín und den klagenden Liedern des Tango.

Doch schon hinter der nächsten Ecke wird die Armut offensichtlich, die dieses Viertel immer noch prägt. Zwar sind die großen Schlachthäuser, deren blutige Überreste einst im Hafenbecken schwammen, heute verschwunden. Geblieben sind aber die überhohen Bürgersteige zum Schutz der Häuser, wenn der Sturm das »sudestada«, das ölige Wasser des Río de la Plata, wieder einmal in die Straßen des Hafenviertels drückt.

Östlich vom Parque Lezama, wo Ernesto Sábatos Weltroman »Über Helden und Gräber« beginnt, liegt der Stadtteil San Telmo. Einst wohnte hier die noble Gesellschaft der Stadt, doch die Angst vor dem Gelbfieber vertrieb sie in die höher gelegenen Regionen von Recoleta und Palermo. Die Einwanderer aus Europa rückten nach, doch nun mussten die eleganten Häuser ein Vielfaches der ursprünglichen Bewohnerzahl aufnehmen. Eigentlich dem Verfall preisgegeben, wurde die Gebäude in den Sechzigerjahren des letzten Jahrhunderts von der Bohème entdeckt. Noch immer liegt ein morbider Charme in den Straßen von San Telmo, und in Los Patios trifft man auf skurrile Läden, die die Zwanzigerjahre aufleben lassen.

Bilder aus dem Arbeiterviertel La Boca.

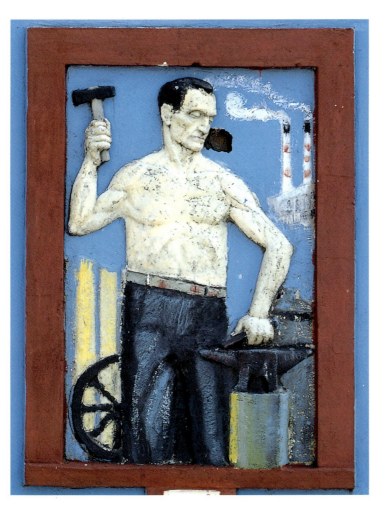

DIE STÄDTE

Getanzte Leidenschaft im Teatro Esquina Carlos Gardel.

Tango: »Ein trauriger Gedanke, den man tanzen kann«

Auch der Tango wurde in dieser Ecke von Buenos Aires geboren und hat die melancholische Seele der Porteños in der ganzen Welt berühmt gemacht. Leidenschaft, Sinnlichkeit und Erotik – wie kein anderer Tanz kann der Tango diese Emotionen umsetzen und ins schier Unerträgliche steigern. Da stockt dem Betrachter das Blut, wenn Carlos seine Partnerin mit seinen Beinen umgarnt, ihr sein Knie in den Schritt schiebt oder sie mit dem Unterschenkel für Sekunden umklammert. »Wenn sie nicht miteinander schlafen, fehlt ihnen die Ausstrahlung. Ist die Liaison zu Ende, ist auch der Tango für die beiden vorbei«, sagt man. Die Aura des Verruchten, der Aggression und einer scheinbar willenlosen Hingabe lässt diesen Tanz ungezählte Wiedergeburten feiern. Die fordernde Sinnlichkeit liegt im Wesen des Tangos; seine Tanzschritte animieren dazu. Die gestreckte Körperhaltung gibt den Tänzern etwas Statuenhaftes und verleiht ihnen eine Eleganz, die das Verlangen kaschieren soll. Sich hingezogen fühlen, dann wieder auf Distanz gehen – so funktioniert das Spiel der Tänzer. Die Faszination des Tangos lässt sich dadurch allerdings nur ansatzweise erklären.

Die melancholische Weise des Tangos verlangt nach den sentimentalen Klängen des Bandoneon, das einst von den Matrosen an den Rio de la Plata gebracht wurde. Ihre Lieder wurden zum Ventil enttäuschter Hoffnungen, waren Anklagen gegen die Armut und ein Leben ohne Frauen. Zum Tango verschmolzen letztlich die Melodien und Rhythmen ihrer Heimat wie der Candombe der afrikanischen Sklaven, die Gesänge Andalusiens und Süd-Italiens und der damals sehr beliebte Milonga der Gauchos. Am deutlichsten jedoch spürt man den Einfluss der kubanischen Habañera, geboren als Lied der schwarzen Sklaven auf den Zuckerrohrplantagen. Dazu kam die Sprache des Milieus, der Lunfardo, denn der Tango entstand in den Bordellen und Kaschemmen. Das hat ihm jenen Touch von Verruchtheit gegeben, der die lateinamerikanische Gesellschaft damals mit Entsetzen erfüllte. Erst in den Salons von Paris wurde dieser Rhythmus schließlich zum »dernier cri«: Wer nicht Tango tanzen konnte, war plötzlich ein Stümper.

Das Lied des Tangos ist untrennbar mit dem Namen von Carlos Gardel verbunden. Sein Bild gehört zum All-

Galionsfigur an einem argentinischen Schulungsschiff in Puerto Madero.

tag von Buenos Aires, er lächelt von Fassaden, Postkarten, von Tassen und Kissen. Obwohl im Jahr 1890 in Frankreich geboren, wurde Gardel zum Inbegriff eines Porteños. Mit drei Jahren kam er nach Buenos Aires und wuchs in ärmsten Verhältnissen in der Nähe des Großmarktes von Abasto auf. Aus dem Singen zur Unterhaltung der Nachbarn wurde eine Berufung; zunächst im Duett mit José Razzano, ab 1917 als Solist. Gardel tourte durch Europa, und sein unglaublicher Erfolg in Spanien und Frankreich ließ auch die elitäre Gesellschaft Lateinamerikas aufhorchen. In den Zwanzigerjahren des letzten Jahrhunderts stieg der Sänger zum internationalen Superstar auf. Die »Nachtigall der Pampa« hatte zahllose Auftritte im Radio, drehte auch Filme, und die Schallplatten erreichten für damalige Zeiten geradezu abenteuerliche Verkaufszahlen. Dabei besaß seine Stimme weder ein übermäßig großes Volumen, noch konnte sie mehr als zwei Oktaven abdecken. Doch niemand brachte die Menschen so sehr zum »Schmelzen«, legte ein solches Gefühl für Rhythmus an den Tag.

Sein früher Tod machte ihn zu einer Legende: Im Jahr 1935 kam Gardel bei einem Flugzeugabsturz in Kolumbien ums Leben. An diesem Tag schien das Leben in Buenos Aires stehen zu bleiben. Carlos Gardel wurde auf dem Friedhof von La Chacarita begraben; an seiner lebensgroßen Statue liegen immer Blumen, und oft steckt sogar eine Zigarette zwischen den Fingern der linken Hand.

Die Tangobewegung hatte ihre Höhen und Tiefen. Fast schon für tot erklärt, half ihm das musikalische Talent von Astor Piazzolla wieder auf die Beine: Er vermischte den Tango mit Jazz oder Kammermusik und öffnete diese Musik damit ganz neuen Interpretationen. Auch die Texte wurden vom triefendem Seelenschmerz befreit und bekamen wieder den ursprünglichen Inhalt von Anklage und Empörung.

Die Suche nach dem Ich beschäftigte die Porteños schon immer – den Armen diente dafür der Tang, den Reichen der Psychoanalytiker. »Jede Woche einmal auf die Couch«, könnte das Überlebensmotto lauten, und wer hier auf sich hält, pflegt einen engen Kontakt zu seinem Seelenklempner.

Die jüdischen Psychoanalytiker aus Deutschland und Österreich, die während des Nazi-Regimes nach Buenos Aires einwanderten, machten die Beschäftigung mit dem Unbewussten populär, und mit der Melancholie der Argentinier stießen sie auf ein fruchtbares Arbeitsfeld. Eine regelrechte Manie entstand in den 1960er-Jahren in Palermo, wo einige Straßen heute noch den Beinamen »Villa Freud« tragen. Den Grund für diese Sucht nach Psychoanalyse erklären sich viele Argentinier mit der Aussage: Der Argentinier ist ein Italiener, der Spanisch spricht und gerne ein Engländer wäre.

Auch die Schönheitschirurgen verdienen sich eine goldene Nase, denn die Tendenz zur inneren wie zur äußeren Reparatur macht vor den faktischen Tatsachen eines Körpers nicht Halt. In keinem Land gibt es mehr Fälle von Anorexie, Appetitlosigkeit, und nirgendwo wird mehr Geld ausgegeben für die vollendete Silhouette.

Schön zu sein ist wichtig für die Abende in der Trendsetter-Gegend von Puerto Madero. Dort, wo gegen Ende des 19. Jahrhunderts die Schiffe entladen wurden, flanieren nun die Liebespaare, eilen Geschäftsleute in dunklen Einreihern in die Lokale, lassen sich graumelierte Herren von sehr jungen Damen begleiten. Jahrzehntelang dümpelte das riesige Terrain vor sich hin, doch inzwischen ist auch in die Speicherhäuser von Puerto Madero wieder neues Leben gekommen. Ein exklusives Viertel aus Lofts, Büros und Restaurants ist entstanden. Die Gebäude aus roten, handgebrannten Ziegeln, mit den Dachluken für die Rollenaufzüge, den eisernen Gittern vor Türen und Fenstern sind mittlerweile heiß begehrt in Buenos Aires.

Zwar vermitteln die bombastischen Arbeitskräne noch immer den Eindruck der einstigen Arbeitswelt, doch längst sind die rostigen Schiffswracks verschwunden, und auch den faulen Geruch von brackigem Wasser gibt es nicht mehr. Nun schaukeln elegante Yachten in den Docks, und ein altes Kriegsschiff dient heute als Museum. Nur aus der Ferne dringt der Lärm der Avenidas zu einem durch, der Abend kündigt sich an, und die untergehende Sonne wirft ihre letzten Strahlen über den Rio de la Plata.

SANTIAGO

Der Sinkflug für die Landung in Santiago beginnt über der mächtigen Andenkette. Langsam rücken die Felsriesen näher. Obwohl es schon Frühsommer ist, hängt der Schnee noch in dicken Wechten über den Flanken. Kein Weg, keine Spur, keine Hütte. Nichts deutet auf die Nähe von Menschen hin, dabei liegt die Hauptstadt Chiles fast um die nächste Ecke. Sehnsüchtig erwarten wir den Aconcagua, der mit fast siebentausend Metern der höchste Berg Amerikas ist. Langsam schiebt er sich in den Vordergrund, fasziniert durch seine majestätischen Ausmaße. Ein Solitär inmitten dutzender nicht minder gewaltiger Massive: Natur, die begeistert und erschreckt zugleich.

Dann verlieren die Berge schnell an Höhe, werden zu Hügeln, und es beginnen die Ebenen mit Wein und Obst. Am Horizont schimmert schon das Blau des Pazifik. Zwischen diesen Bergen und dem Stillen Ozean quetscht sich Santiago hinein, versucht mit seinen Häusern an der Kordillere hochzukrabbeln und klammert sich an die Ränder des Pazifik. Fünf Millionen Menschen wohnen in dieser Stadt, und täglich werden es mehr, angelockt durch die Hoffnung auf Arbeit und ein besseres Leben. Aber jeder klagt über die extreme Verschmutzung der Luft, oft hängt ein giftig gelber Smog über Santiago und raubt den Menschen sprichwörtlich den Atem. Als klebrige Masse hängen dann Wolken und Nebel vom Pazifik an den Anden, und alle hoffen darauf, dass der Wind sich endlich dreht. Wer kann, ist dann schon längst an die Küste geflüchtet.

Jene abscheulichen Geschichten der von Asthma und Bronchitis geplagten

Menschen kommen einem an diesem Frühlingstag fast unwirklich vor. Ein makellos blauer Himmel liegt über der Stadt, lässt den Schnee auf den Anden glitzern und liebkost das Grün der umliegenden Hügel. An den Straßenrändern blühen Hortensien und Oleander, doch in wenigen Wochen wird die Hitze des Sommers diese Idylle in ein staubiges Grau und Braun verwandelt haben. Regen ist eine Seltenheit.

Für viele ist Santiago nur eine Durchgangsstation zur Atacama oder nach Patagonien. Die Stadt wirkt spröde, verstört durch ihre wie im Wildwuchs wuchernden Gebäude, an denen sich anscheinend jeder Baustil verewigen durfte, ohne Rücksicht auf eine erkennbare gemeinsame Struktur.

Doch zwischen gesichtslosen Hochhäusern verstecken sich Ecken voller Atmosphäre, so unvermittelt und erfrischend, als wäre man plötzlich an einen anderen Ort versetzt worden.

Für viele ist Santiago einer Hauptstadt unwürdig: Im Zentrum fehlen die großen Boulevards und ihre hedonistische Heiterkeit, man vermisst die Straßen mit Kinos und Restaurants, und nicht wenige Santiaguinos schwärmen von der weltläufigeren Ausstrahlung eines Buenos Aires. Schon vor Jahrzehnten hat das vornehmere Publikum die Innenstadt verlassen und lebt in den noblen Vororten von Las Condes und Providencia, die näher an den Bergen liegen und ein wenig bessere Luft versprechen. Dort entdeckt man Villen und Parks, Golfplätze und Tennisanlagen, Restaurants und Nachtclubs. Doch die Atmosphäre bleibt artifiziell, denn statt Flaniermeilen sind die schicken Läden in riesigen Malls verschwunden. Die USA lassen grüßen.

Die sechsspurige Avenida del Libertador Bernardo O'Higgins führt geradewegs in den Stadtkern. Diese verkehrsbepackte Asphaltschneise war vor vielen Jahren noch eine romantische Allee, zu beiden Seiten mit Pappeln gesäumt; daher auch der Name »La Alameda«, wie sie im Volksmund genannt wird. Immerhin ist ihr ein breiter grüner Mittelstreifen geblieben; dort stehen Parkbänke, Springbrunnen und Denkmäler mit den Heroen der chilenischen Geschichte.

Der Mittelpunkt von Santiago aber ist die Plaza de Armas: Hier wurde die Stadt im Jahr 1541 als »Santiago del Nuevo Extremadura« von Pedro de Valdivia gegründet. Als Vertrauter des großen Konquistadors Francisco Pizarro bekam er den Auftrag, möglichst weit nach Süden vorzudringen. Er erreichte den Mapocho-Fluss, und unweit des Hügels von Santa Lucia entstand das Ur-Santiago, das von den Picunche-Indianern erst einmal niedergebrannt wurde. Dies ist letztendlich das Schicksal dieser Stadt geblieben, die ihr Aussehen aufgrund von Erdbeben, Feuersbrünsten und zuletzt Raupenbaggern unentwegt verändern musste. So betrachtet man die mächtige Kathedrale in ihrer Mischung aus Neoklassizismus und Barock bereits in der fünften Version – denn nach der ersten Zerstörung durch die feindlichen Ureinwohner folgten noch drei schwere Erdbeben.

Dagegen haben die Fassaden ihre glanzvolle Vergangenheit oft bewahren können. Dieses elegante Gesicht Santiagos entstand in der zweiten Hälfte des 19. Jahrhunderts. In jener Periode machte der Boom des Salpeters den Staat reich, und der Blick richtete sich sehnsüchtig auf den Prunk europäischer Großstädte. Man baute eifrig Theater und Museen und regierte hinter feinen Fassaden. In den meisten Häusern rund um den Platz sind heute Museen der Geschichte untergebracht. Dazu gehören der gelb-weiße »Palacio de la Real Audiencia« oder die »Casa Colorada« aus dem Jahr 1769, die mit ihrem roten Mauerwerk sofort ins Auge sticht. Und nur einen Steinwurf entfernt liegt das weltberühmte Museum für präkolumbianische Kunst. Ganz aus der Harmonie der weichen Farben des Kolonialstils fällt die kräftig blaue Eisenkonstruktion des alten Edwards-Kaufhauses, die um die Jahrhundertwende in Einzelteilen aus Frankreich geliefert und an der Plaza de Armas wieder zusammengesetzt wurde.

Santiago spaltet die Geister. »Es ist keine schöne Stadt«, sagt Hella von ihrer Heimat. Das Beste sei noch der Swimming-Pool im 16. Stock des Hotels Carrera. Ihre Welt liegt in La Providencia und an der Küste bei Viña del Mar. So denken viele.

»Santiago ist mein magisches Zentrum«, schwärmt dagegen der Schriftsteller Antonio Skármeta, dessen Novelle unter dem Titel »Il Postino« verfilmt wurde. »Meine deutsche Frau vermag nicht zu begreifen, was mich ins Zentrum treibt, um einen Brief an der Hauptpost an der Plaza de Armas abzugeben oder in der wimmelnden Ahumada-Promenade eine Zeitschrift zu kaufen.«

In den Fußgängerzonen von Huérfanos und Ahumada kann man den Rhythmus dieser Stadt erfahren. Sie lebt von vielen tausend Menschen, die hier jeden Tag unterwegs sind. Fast immer sind die Gesichter ernst und beflissen, es fehlen plaudernde Paare, niemand flaniert vor den Schaufenstern, da die Geschäfte ohnehin eher schäbig sind. Nur die zahllosen Kioske ragen aus dem Gewühl als winzige Häus-

Blick über Santiagos Häusermeer.

chen, die überquellen vor Zeitschriften, Zigaretten und Süßigkeiten. Die einzigen Ruhepole sind die Sessel der Schuhputzer. Dort sitzen distinguierte Herren in dunklen Anzügen, blicken auf die Menschenmenge mit der Arroganz jener, die es im Leben geschafft haben. Doch viele Sessel sind leer. »Die Geschäfte sind schlecht wegen der Rezession«, klagt einer, und sein Blick wandert unaufhörlich über die Schuhe der Passanten.

WACHWECHSEL

Schmissige Marschmusik um zehn Uhr morgens ist das Zeichen für den Wachwechsel vor der Moneda, von wo aus die Geschicke Chiles gelenkt werden. Im Jahr 1973 ging edas Bild des eleganten Komplexes durch die Weltpresse, als ein Bombenattentat auf den damaligen Präsidenten Allende einen Teil des Gebäudes zerstörte. Es war der Beginn der Diktatur in Chile.

In makellosem Stechschritt mit blitzblanken Reitstiefeln reagiert die Garde auf die Kommandos. Die Preußen hätten ihre wahre Freude daran gehabt, denn sie waren die Ausbilder des chilenischen Heeres. Schnell hat sich ein Kreis von Zuschauern gebildet. Man liebt das militärische Zeremoniell und ist stolz auf seine Armee. Dazu will die schneeweiße Taube gar nicht passen, die sich urplötzlich neben einem Paradesoldaten niederlässt.

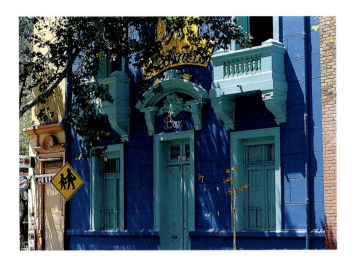

Nur wenige Minuten von der Moneda entfernt steht die Kirche San Franzisco, die sich mit ihren roten Mauern so weit in die Alameda drückt, dass die Straße einen Bogen machen muss. Wäre es nicht das älteste Gebäude Santiagos – schon längst hätten die Straßenbauer zugeschlagen. Ende des 16. Jahrhunderts errichtet, hat die Kirche wie durch ein Wunder alle drei schweren Erdbeben überstanden. Auf dem mächtigen Altar steht eine Marienstatue der Virgen del Socorro, die mit dem Tross von Pedro de Valdivia im Jahr 1540 nach Santiago gekommen sein soll. Aber am meisten verblüfft die absolute Ruhe in dieser Kirche, während vor der Tür der tägliche Zweikampf zwischen hupenden Autos und luftverpestenden Dieselbussen stattfindet. Das pralle Leben Chiles dagegen steht, sitzt und schreit auch in der Markthalle des Mercado Central. In diesem Land, wo außer tropischen Früchten alles wächst, das in Patagonien riesige Herden von Rindern und Schafen hat und dem der kalte Pazifik prächtige Fische liefert, müssen die Stände in der Markthalle geradezu überquellen. Bei dem überwältigenden Angebot vor allem an Fischen und Meeresfrüchten fällt die Wahl natürlich schwer. Doch die chilenische Spezialität des Congrio, ein Meeraal, muss man probiert haben, und mit einem Glas Weißwein kann man das Geschehen in der südamerikanischen Markthalle wunderbar auf sich wirken lassen. Dabei fällt der Blick unwillkürlich auf die schönen Metallarbeiten an den Fenstern und Galerien – ursprünglich war diese Halle als Ausstellungsort für einheimische Künstler gedacht.

Der späte Nachmittag und der Abend gehören der südwestlichen Ecke Santiagos. Dort befindet sich der siebzig Meter hohe Hügel von Santa Lucia, wo einst Pedro di Valdiva auf seiner Reise nach Süden Halt machte und die Siedlung Santiago gründete. Eine lange Zeit blieb es ein felsiger Hügel, bis das feine Bürgertum des 19. Jahrhunderts nach einer barocken Parklandschaft verlangte, die im Stil jener Zeit mit Skulpturen und aufwändiger Treppenarchitektur versehen werden sollte. Mit der untergehenden Sonne lohnt es sich, dort oben zu stehen, wenn die Glasfassaden der Hochhäuser in Rot und Gelb erglühen. So ganz in Abendlaune führt der Weg in die Straßen von Mulato Gil de Castro, einem Viertel der Boheme mit Künstlerateliers, Antiquitäten und Buchläden. Die wichtigste Straße ist die Calle José Victorino Lastarria; in der Bar Il Biografo treffen sich die Filmszene und jene, die dazugehören möchten. Das bevorzugte Getränk ist der Pisco-Sour. Für den Neuling vielleicht gleich einen Doppelten.

Danach ist man präpariert für das Stadtviertel von Bellavista, das auf der anderen Seite des Mapocho-Flusses liegt. Nach der Brücke landet man in der Straße Pio Nono und spaziert inmitten kleiner bunter Häuser, flaniert an vielen Restaurants vorbei, aus denen der Geruch von gebratenem Fleisch dringt. Santiago in Frühlingsstimmung. In Erwartung der Nachtschwärmer haben die Händler ihre Stände aufgebaut. Unter dem Touristenkitsch entdeckt man auch Arbeiten aus Lapislazuli und Onyx – der Norden Chiles ist reich an diesen Halbedelsteinen. In Bellavista wohnen auch viele Künstler und Intellektuelle, die die Nähe des großen Literaten Pablo Neruda suchen. Am Fuß des Cerro Cristobal steht sein Haus »La Chascona«. Benannt nach der wilden roten Haarmähne seiner Frau Matilde Urrutia, besitzt dieses Haus alle Merkmale der übrigen Anwesen: Außen eher unscheinbar, doch innen offenbart sich der Eifer einer unstillbaren Sammelleidenschaft.

Wie durch eine grüne Wand wird das Viertel vom Cerro Cristobal abgeschlossen, der mit seiner mächtigen Marienstatue bereits vom Flugzeug aus zu erkennen ist. Von dort kann man Santiago noch einmal von oben betrachten. In diesen Tagen lächelt die Stadt.

VALPARAISO

Viele Chilenen halten Valparaiso für die schönste Stadt ihres Landes. Ihre eigenwillige Topografie, eingeklemmt zwischen Küstenkordillere und Pazifik, zwang die Häuser, ähnlich wie in einem Amphitheater an den Hängen hinaufzuwandern. Und immer war es ein Wettlauf mit den ungezählten Erdbeben und ihrer zerstörerischen Kraft, die mit Valparaiso als beliebtem Epizentrum ganz besonders schreckliche Ausmaße erreichte: Viele Male mussten ganze Straßenzüge wieder aufgebaut werden.

Was heute fast baufällig anmutet, war einmal die fortschrittlichste Stadt Südamerikas. Während man andernorts noch im Matsch und Dunkeln durch die Straßen stolperte, flanierten die Menschen in der chilenischen Hafenstadt schon auf Pflastersteinen im milden Schein von Gaslaternen. Lange vor Santiago existierten in Valparaiso schon Banken, eine Börse und eine eigene Tageszeitung; man ging sogar zum Telegraphenamt. Das 20. Jahrhundert brachte Radio und Fernsehen zuallererst in die Hafenstadt am Pazifik, und im Jahr 1969 gelang hier die erste Herzverpflanzung.

Fünf Jahre früher als Santiago wurde Valparaiso 1536 von Leutnant Juan de Saavedra auf einer Landkarte markiert. Warum es ausgerechnet zu diesem Namen kam, ist ungeklärt. Es gibt hier zwar kein Tal, aber vielleicht hat der Spanier nach der langen Reise durch die Wüsten diese Bergflanke am Meer als Paradies empfunden. Tatsache ist, dass diese Siedlung schnell Profit aus ihrer geografischen Lage ziehen konnte. Der gesamte Handel mit Santiago wurde über Valparaiso abgewickelt, und sämtliche Schiffe, die um das Kap Horn segelten, mussten unweigerlich an den Kais von Valparaiso anlegen, um sich neu mit Proviant zu versorgen.

Mit den Seglern kamen auch die Fremden in die Stadt. Seeleute aller Länder, chilenische Salpetermagnaten,

englische Geschäftsleute und Emigranten aus ganz Europa versuchten ihr Glück im diesem quirligen Handelszentrum am Pazifik.

Isabel Allende beschreibt es in ihrem Roman »Fortunas Töchter«: »So wurde aus einem in seinen Anfängen der Republik ärmlichen Häuserhaufen ohne Zukunft in weniger als zwanzig Jahren ein wichtiger Hafen. In seinen Lagerhäusern waren Metalle, Wolle vom Schaf oder vom Alpaka, Getreide und Leder für die Märkte der Welt gespeichert.« Nicht ohne Grund wurde bei Thomas Mann der theaterverliebte Christian Buddenbrook vom Vater nach Valparaiso geschickt mit den Worten »Werde etwas Ordentliches!«. Längst waren die Hanseaten mit ihren Kontoren präsent, denn die lukrative Südpazifik-Route wollte sich kein Reeder entgehen lassen.

Danach brachte der Goldrausch einen neuen Boom. Doch diesmal wurden keine Waren, sondern Menschen transportiert. Die Schiffe quollen über vor Glücksrittern, die die Chance ihres Lebens in den Goldminen witterten. Manch einer blieb für längere Zeit in Valparaiso hängen, wenn ihm das Geld für die weitere Passage fehlte. Damals lebten gut 100 000 Menschen in der Stadt; heute sind es etwa zwei Drittel weniger.

Der Beginn des 20. Jahrhunderts läutete schließlich den Niedergang der schillernden Hafenstadt ein: Ein gewaltiges Erdbeben zerstörte große Teile der Unterstadt, niemand brauchte mehr Salpeter aus chilenischen Minen, 1914 wurde der Panamakanal eröffnet, und zu guter Letzt machte 1929 die Weltwirtschaftskrise vielen Geschäften den Garaus. Die Finanzwelt verließ Valparaiso und flüchtete nach Santiago, um sich am Pulsschlag der Politik zu wissen.

Trotzdem – ihre Aura hat die Hafenstadt nicht verloren, auch wenn nur mehr ein paar Containerschiffe zu sehen sind und an den Molen mehr Touristen als Matrosen herumlaufen. Doch die Seefahrt ist der Stadt treu geblieben. Valparaiso ist Chiles wichtigster Kriegshafen, und auf den Straßen sieht man akkurat gekleidete Marinesoldaten. Auch das grau-weiße Gebäude der Ex-Intendencia lenkt viele Blicke auf sich. Es wurde auf den Grundfesten der Intendantur der Kolonialzeit gebaut, diente dann als Regierungssitz und ist heute das Hauptquartier der Marine. Davor steht das mächtige Denkmal der Helden von Iquique, die während des Salpeterkrieges gegen Bolivien eine schier aussichtslose Schlacht für sich entschieden.

Das wilde Chaos der Wohnhäuser verteilt sich auf die zahlreichen Hügel, die »cerros« genannt werden. Um die mühsamen Aufstiege zu vermeiden, wurden gegen Ende des 19. Jahrhunderts 16 Schrägaufzüge (ascensores) zu den verschiedenen Stadtteilen gebaut. Als kleine Käfige mit einer Bank in der Mitte rumpeln sie die Berge hinauf, verbreiten den Geruch von Schmieröl und bieten den Anblick fettiger Kabel. Die ersten unter ihnen waren noch Kabinen aus Mahagoni und wurden mit dem Gewicht leerer oder voller Wassertanks bewegt. Seit dem Jahr 1906 hätten sie deutsche Elektromotoren und seien ein Muster an Zuverlässigkeit, wie die Dame an der Kasse versichert, als sie uns Deutsch sprechen hört. An der Plaza Aduana beginnt der

Aufzug zum Cerro Artilleria von 1893, der noch à carbon, also mit einer Dampfmaschine angetrieben wird. Durch seine großen Fenster bekommt man schon einen ersten Eindruck vom bunten Häusermeer der Stadt. Nach wenigen Minuten steht man auf dem Paseo 21 de Mayo, der schönsten Promenade von Valparaiso. Da reicht der Blick über die ganze Stadt, sieht man die Hochhäuser von Viña del Mar und die unendliche Weite des Pazifiks. Und im Rücken die Gärten der ehemaligen Kadettenanstalt, wo heute das Museum für maritime Geschichte seine Exponate zeigt. Einer setzt seinem Lama einen Hut auf und lässt diese alberne Szene für tausend Peso fotografieren.

Für einen Besuch des Cerro Alegre sollte man körperlich fit sein. Neruda schrieb in seinen Memoiren: »Die Treppen beginnen unten und oben und winden sich steigend. Sie werden fein wie Haar, gewähren kurze Rast, sind steil. Werden seekrank. Stürzen vornüber. Wie viele Jahrhunderte von Schritten, treppauf, treppab, mit dem Buch, den Tomaten, dem Fisch, den Flaschen, dem Wein?«

Ungezählte Stufen auf- und absteigend, kleine Alleen entlang laufend, steile Straßen erklimmend, geht man durch die Welt der erfolgreichen Geschäftsleute aus Europa, die hier ihre eleganten Villen bauen ließen. Die Engländer haben den Straßen ihre Namen gegeben wie zum Beispiel Atkinson oder Templeman und eine anglikanische Kirche hinterlassen, während die Deutschen das Fachwerk und ein lutherisches Gotteshaus mitbrachten. Ihren herrschaftlichen Anspruch hat diese Gegend nicht verloren, obwohl ihnen einige Eimer Farbe sicherlich gut täte. Darüber liegt der Friedhof, und wenn in früheren Zeiten die Winterstürme mit ihren Platzregen wüteten, wurde des Öfteren auch so manches Skelett ausgespült und blieb dann in den Vorgärten hängen.

Vielleicht aus diesem Grund hat sich Pablo Neruda noch etwas weiter oben angesiedelt mit seinem Haus La Sebastiana. Hier konnte er auch das geliebte Meer sehen, doch seine Ansprüche waren nicht gering: »Es darf nicht zu weit oben und nicht zu weit unten liegen. Es sollte abgeschieden sein, aber nicht zu sehr. Nachbarn darf es haben, aber sie müssen unsichtbar bleiben. Originell soll es sein, aber nicht unbequem. Schwerelos und doch stabil, nicht zu groß und nicht zu klein. Weg von allem, aber in der Nähe von öffentlichen Verkehrsmitteln. Und vor allem muss es billig sein.«

Man wurde tatsächlich fündig auf dem Cerro Florida: ein unvollendetes Werk des bereits verstorbenen Architekten Sebastián Collado. Nach drei Jahren hatte Neruda aus dem Rohbau ein bewohnbares Haus gemacht und zu Ehren seines Erbauers La Sebastiana genannt. Natürlich wurde auch dieses Anwesen ein Opfer seiner Sammlungen.

Man sagt, das Glück hätte Valparaiso verlassen und wäre nach Viña del Mar gezogen. Zwar ist es inzwischen wieder chic geworden, die baufälligen Villen in Valpo zu renovieren und den Sonnenuntergang auf Verandas der Gründerzeit zu erleben, doch der Bär steppt im Nebenort. Jedes Wochenende zieht ein langer Tross von Santiaguinos in den feinsten Badeort der chilenischen Küste; die 120 Kilometer bis dorthin sind dann ein einziger Horror. Man flüchtet aus der Hauptstadt in die Eigentumswohnung mit Blick aufs Meer. So reiht sich ein Hochhaus neben das andere. Wären da nicht der Pazifik mit seinen kraftvollen Wellen und der herrlich weiße Sandstrand, könnte man die Begeisterung für diesen Ort wenig verstehen.

Aber die Chilenen lassen nichts auf Viña del Mar kommen, auch wenn man nur selten in den beiden Meeren baden kann – zu kalt und zu wild. Das Nachtleben fordert ohnehin alle Kräfte, das Angebot an Restaurants, Nachtclubs und Boutiquen ist kaum zu übersehen. Einzig das Museum der »Sociedad Fonck« bringt einen kulturellen Touch in die anscheinend grenzenlose Ferienlaune.

Zu beiden Seiten der Küste ziehen sich kleine Ferienorte entlang, und im Süden versteckt sich Isla Negra, das niemand kennen würde, hätte nicht Pablo Neruda dort sein drittes Haus gebaut. Direkt am Meer, nur getrennt durch ein paar dunkle Felsen, muss er hier am Ziel seiner Wünsche gewesen sein: ganz dicht am geliebten Wasser, obwohl er gar nicht schwimmen konnte. Von seinem Bett aus hatte er den Pazifik vor sich und hörte das Donnern, wenn sich die Wellen an den Felsen brachen. Es ist ein Haus, das ständig umgebaut, angestückelt oder zugemauert wurde, um der wachsenden Zahl seiner Sammelobjekte einen würdigen Platz zu schaffen. In Isla Negra haben diese viel mit dem Meer zu tun: Bojen, Fernrohre, Kompasse, ganze Vitrinen voller Muscheln. Doch am schönsten sind die herrlichen Frauenkörper der Galionsfiguren, die hoch über den Köpfen der Besucher hängen. Hier verbrachte der Dichter seine letzten Jahre, und im Garten findet man sein Grab, zusammen mit dem seiner Frau Matilde.

Nach der Führung setze ich mich auf die kleine Terrasse hinter seinem Haus, wo man aufs Meer blicken kann. Bei einem Kaffee höre ich die Wellen gegen die Felsen klatschen und den sirrenden Wind. »Die Europäer sind ganz verrückt nach Neruda«, sagt Elena, die den kleinen Imbiss führt.

USHUAIA

Dem argentinischen Ushuaia auf der Insel Feuerland gebührt der Anspruch, die südlichste Stadt der Welt zu sein. Dreitausendvierhundert Kilometer von Buenos Aires entfernt, ist sie mit dem Festland durch die berühmte Ruta 3 verbunden, eine der großen Überlandstraßen Argentiniens. Obwohl üppige Prämien Industrie und Menschen angelockt haben, ist es ein typischer Ort am Ende der Welt geblieben. Zwar verleihen die Glasfassaden der kleinen Hochhäuser dem Ort ein wenig städtisches Flair, aber die Augen bleiben an den Wellblechhütten hängen, deren Farben so kräftig sind, als wolle man das triste Wetter vergessen machen. Doch man tut Ushuaia Unrecht, wenn man nur von den zusammengenagelten Behausungen spricht. Etliche Minuten vom eigentlichen Zentrum entfernt, stehen auch zauberhafte Holzhäuser mit einer ganz individuellen Architektur. Viel Freigeist spricht aus der Gestaltung und zeugt von der unterschiedlichen Herkunft der Bewohner. Am Ende der Welt gibt es eben Wichtigeres, als sich um ein einheitliches Stadtbild zu bemühen.

Weit mehr als Punta Arenas ist Ushuaia ein Mittelpunkt all derer, die das Abenteuer suchen. Auf der Hauptstraße der Avenida San Martin mit ihren Outdoor-Läden, Reiseagenturen und Restaurants treffen sich bärtigen Gesichter, denen der Sinn nach den eis-

bepackten Bergen Patagoniens steht. Überall sieht man schwere Rucksäcke, an denen Seile und Felshaken baumeln. Gut 50 000 Touristen spucken hier die Kreuzfahrtschiffe aus – etwas mehr als die Stadt Einwohner hat –, für einen kurzen Landgang vor dem Abenteuer durch die Drake-Passage zur antarktischen Halbinsel. Doch dieser Trubel herrscht nur drei Monate im Jahr; danach fällt Ushuaia zurück in die Eintönigkeit eines Ortes, der von außen genährt werden muss: Ohne staatliche Hilfe wäre der Überlebenskampf hier im Süden fast unerträglich, und ohne die Geschichten der Fremden wohl auch die Langeweile.

Als hätte die Natur etwas gut zu machen, ist die Lage von Ushuaia einmalig schön. Die Stadt liegt am Beagle-Kanal, der nach dem Schiff seines Entdeckers Robert Fitzroy benannt wurde. Bei Sonnenschein wandelt sich das Wasser des Kanals von Grau zu Grün, und die Schneekappen von Cerro Martial, Monte Olivia und den Cinco Hermanos, die sich hinter den letzten Häusern in den Himmel schieben, beginnen zu leuchten.

Ein schöner Fleck auch für die Gefangenen, für die hier im Jahr 1884 eine Strafkolonie für Schwerverbrecher gegründet wurde – Feuerland galt ohnehin als gottverlassene Region. Die Verbannten bauten ihr eigenes Gefängnis und trugen wesentlich zur Gestaltung der Stadt bei. Heitere Anekdoten darüber findet man im Museo del Fin del Mundo. Auch die Strafanstalt, das Presidio, das Ende der Vierzigerjahre des 20. Jahrhunderts aufgelöst wurde, ist heute zu besichtigen.

Und nicht zu vergessen: Ushuaia ist die teuerste Stadt Argentiniens!

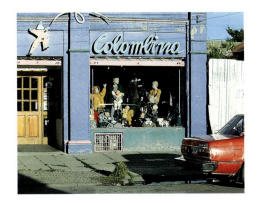

PUNTA ARENAS

Punta Arenas ist das Zentrum der chilenischen Region Magellanes und nur mit dem Flugzeug oder dem Schiff zu erreichen, wenn man nicht über argentinisches Terrain fahren will. Benannt wurde dieser Teil Patagoniens nach dem portugiesischen Weltumsegler Fernando de Magellanes, der im Jahr 1520 jene Wasserstraße entdeckte, die heute seinen Namen trägt. Die strategisch günstige Lage am westlichen Ende der Magellan-Straße verhalf der Stadt um das Jahr 1900 zu einem überraschenden Aufschwung. Die Anfänge waren indes recht kümmerlich: Die ersten spanischen Siedler verhungerten, weil die Erde zu unfruchtbar und das Klima zu unwirtlich war. Europa verlor das Interesse an diesem kalten Zipfel Erde. Erst nach der Unabhängigkeit regte sich wieder der Gedanke einer Kolonisation, und man verfrachtete die Schwerverbrecher in diese Öde. Es folgte die Ära des Salpeters, viele Schiffe bevorzugten die ruhigere Magellan-Straße gegenüber den tosenden Stürmen am Kap Horn und ankerten in Punta Arenas. Die Hafenstadt rückte plötzlich in den Mittelpunkt. Zur gleichen Zeit begann der Boom der Wolle – auf den Falklandinseln hatte man eine Schafrasse eingeführt, die dem hiesigen Wetter durchaus trotzen konnte. Die Stadt erhob sich zum Zentrum eines Schafzüchter-Imperiums, und ringsherum entstanden riesige Estancias. Die Namen von José Menéndez, José Nogueira, Mauricio und Sarah Braun wurden zu Synonymen sagenhaften Reichtums. Man wohnte in herrschaftlichen Villen und bestellte sich die Zutaten für ein luxuriöses Leben aus Paris und London.

Im Jahr 1914 schließlich, mit der Eröffnung des Panama-Kanals und dem Niedergang des Wollpreises, neigten sich die goldenen Zeiten ihrem Ende zu. Heute lebt man vom Erdgas, einem zollfreien Hafen und dem Tourismus, der aus kurzzeitig ankernden Kreuzfahrtschiffen auf ihrer Reise in die Antarktis besteht.

Dem Stadtbild ist die reiche Vergangenheit noch anzusehen. Rund um die Plaza Muñoz Gamero stehen die Paläste jener, die im Süden Amerikas das Sagen hatten.

Wie aufwändig man damals lebte, zeigen die Zimmerfluchten des Schafbarons Mauricio Braun mit ihrer Lust am Überfluss: Marmor aus Italien, Stoffe und Tapeten aus Belgien, Möbel aus Paris. Dagegen ist das Museo Salesiano jenen gewidmet, die vor den Europäern in diesem Land gelebt hatten. Der Orden der Salesianer versuchte damals, die Feuerland-Indianer vor den Gewehrkugeln der Europäer zu retten und ließ sie in ihren Missionen arbeiten. Genützt hat es allerdings wenig – alle vier Stämme der Ureinwohner gelten heute als ausgerottet.

Ushuaia: früher ein Ort für Schwerverbrecher, heute das Sprungbrett für die Antarktis.

DIE STÄDTE

Die Wüsten

Eintönigkeit ist ihr Markenzeichen. Soweit das Auge reicht, blickt es auf eine anscheinend ewig gleiche Landschaft. Die Wüste öffnet die Sinne, heißt es, sie ist das mondäne Spielfeld einer Selbstfindung. Aber sie macht auch Angst mit ihrer Weite und scheinbaren Ereignislosigkeit.

Lama: Diese südamerikanische Kamelgattung wurde von den Indianern vor allem als Lasttier domestiziert.
Links: Susques, Wüstenfriedhof auf dem Altiplano.

Die mächtigste Kirche im Nordwesten Argentiniens: die Kathedrale San Francisco in Salta.

GRANDIOSE EINSAMKEIT

San Antonio de los Cobres: Minenstadt am Rande der Atacama.

Schon wenige Kilometer hinter San Pedro steht das Zollgebäude. Man gibt sich leger, da werden keine Uniformen getragen, sondern bunte T-Shirts und Turnschuhe. Schon schnüffelt der schwarze Labrador an unseren Koffern herum, überall hängen Schildern mit der Warnung vor Drogenschmuggel. Es ist der Grenzübergang nach Argentinien, nun sind es gut 500 Kilometer bis nach San Salvador de Jujuy, der nördlichsten Provinz des Landes. Die Route über den Jama-Pass verläuft auf dem Wendekreis des Steinbocks und ist die kürzeste Verbindung zwischen Sao Paulo am Atlantik und dem Pazifikhafen von Antofagasta.

In lang gezogenen Kurven geht es rasch nach oben, das Auto keucht unter dem mangelnden Sauerstoff. Der höchste Punkt dieser Passüberquerung liegt bei 4600 Metern, bei den Cerros de la Pacana. Misstrauisch, weil das Auto gar so große Probleme hat, kurbelt Joaquin das Fenster herunter und hält die Nase in den Wind. »Heute ist keine Puna«, meint er. Puna ist ein typisches Phänomen der großen Höhe, wenn der Sauerstoff in der Luft fehlt und die Höhenkrankheit droht. Dennoch greift Joaquin in seine Tasche und holt Coca-Blätter heraus. Nicht in Chile, aber im Nordwesten Argentiniens sind sie erlaubt, um die Höhe besser vertragen zu können. Die Einheimischen kauen sie ständig, sie schmecken recht bitter.

Diese Fahrt wird zu einem Fest für die Augen, die diese Dimension von Weite kaum erfassen können. Auf der Hochebene von über 4000 Metern, in Argentinien Puna genannt, grasen zahlreiche Vikunjaherden, und auf der linken Seite hebt sich der mächtige Klotz des Licancábur in den Himmel, der auch im Frühsommer noch eine dicke Schneemütze trägt.

Wir nähern uns dem Salar de Jama, an dessen Rändern die dicken weißen Krusten der Salzkristalle schimmern. Wir steigen aus, doch der Wind ist eisig; es liegt eine regelrechte Schärfe in der Luft, und das Atmen fällt schwer. Vor uns liegt wieder einmal die riesige Fläche eines Salzsees, wo sich irgendwo in der Ferne Erde und Horizont zu verbinden scheinen. Einzig die grazilen Flamingos beweisen, dass hier ein Überleben möglich ist.

Auch die Zöllner an der Grenze zu Argentinien tun sich hart damit. Die Einsamkeit macht sie gesprächig, man freut sich über Besuch von Menschen, die einem etwas erzählen – und über Sinn spendende Arbeit. Uns wird unvergesslich bleiben, mit welcher Präzision sie den Stempel ausgeführt haben, der sie für ein paar Augenblicke die Bedeutungslosigkeit inmitten eines Niemandslandes vergessen ließ.

Nun sind aus den Teerstraßen ausgefahrene Schotterpisten geworden. Stundenlang rattert der Kleinbus in ungezählte Schlaglöcher und über die tiefen Querrillen. Der erste Ort, Susques,

zählt knapp 700 Einwohner, die sich fast ausschließlich aus reinblütigen Colla-Indianern zusammensetzen, eines der Urvölker im Nordwesten Argentiniens.

Eilfertig holt der Kirchendiener den Schlüssel für La Virgen de Belém. Sie stammt aus dem 16. Jahrhundert und dürfte eines der ältesten Gotteshäuser des Landes sein. Das Dach und die Mauern sind mit getrocknetem Pampa-Gras abgedeckt. Im Inneren sieht man Malereien aus der Schule von Cuzco, die direkt auf die gekalkten Wände aufgetragen wurde. »Einen Dollar für unsere Kirche«, bittet er beim Zuschließen. Auf der Straße sehen wir ein paar Colla-Frauen; eine davon hat ein wunderschönes Gesicht. Zuerst will sie sich nicht fotografieren lassen, aber nach dem Versprechen, einen Abzug zu bekommen, wirft sie sich wie ein Model in Pose. Eine andere hat sich in eine Hausecke gedrängt, sehr alt und sehr dünn, und sie hat bereits die gekauerte Haltung der Mumien angenommen, wie sie im Museum von San Pedro ausgestellt sind.

In tiefster Nacht erreichen wir das Bergbaustädtchen San Antonio de los Cobres auf 3700 Metern. Wären hier nicht Eisen, Mangan und Silber zu finden – kein Mensch würde freiwillig hier oben leben. Ein eiskalter Wind reißt den Staub in dichten Fahnen nach oben, nicht ohne Grund sind alle Fenster mit Klebestreifen versehen. Eine Art Endzeitstimmung liegt über dem Abendessen, und erst nach viel Bier kann man dieser Situation noch etwas Charme abgewinnen. Allen Unkenrufen zum Trotz wartet der nächste Morgen mit einem strahlend blauen Himmel auf uns und gibt dieser Steinwüste mit ihren grauen geduckten Häusern eine eigenartig reduzierte Ausstrahlung: eingerahmt von hohen Bergen wie dem markanten Kegel des Terciopelo und in einer Umwelt, wo kein Baum und kein Busch mehr wachsen kann. Gleich neben dem Hotel steht eine riesige Satellitenschüssel, der einzi-

Indianische Grabbeigaben, ausgestellt im Archäologischen Museum von Cachi.

ge Weg zur Kommunikation mit der übrigen Welt. Darunter fläzt sich ein Lama und verdaut.

Kurz hinter San Antonio de los Cobres wurde das berühmte Viadukt La Polverilla auf 4144 Metern Höhe gebaut, über das der Wolkenzug, der Tren a las Nubes fährt, ein Luxuszug für erlebnishungrige Touristen. Die Distanz von 214 Kilometern legt er in sieben Stunden zurück. Dabei überwindet er 29 Brücken, 21 Tunnel und 13 Viadukte.

Das berühmte letzte Viadukt ist 224 Meter lang und überspannt ein Tal in einer Höhe von 75 Metern. Eine faszinierende Eisenkonstruktion in einer Gegend, die außer Steinen, Kälte und Wind nichts zu bieten hat. An dieser Strecke baute man genau 27 Jahre lang; 1921 fuhr dort die erste Eisenbahn. Für das große Geldverdienen war dies viel zu spät, denn schon im Jahr 1914 wollte niemand mehr das Salpeter aus Südamerika haben.

Gegen ein Uhr mittags trifft der Zug am Bahnhof von San Antonio de los Cobres ein. Überall warten schon die Einheimischen: Frauen und Kinder, in dicke Tücher eingehüllt und auf dem Arm ihr Selbstgestricktes. Pullover, Mützen, Handschuhe suchen einen Abnehmer. Die Zeit verstreicht, im Bahnwärterhäuschen entsteht plötzlich Hektik: Der Zug ist in einem Tunnel hängen geblieben, die nagelneue Diesellok hat ihren Geist aufgegeben!

Die Taxifahrer freuen sich schon auf fette Beute, denn sie sind die einzige Alternative. In endlosen Kurven schraubt sich das Auto nach unten ins nächste Dorf, wo die Evakuierung der Passagiere schon begonnen hat. Gut 400 Menschen saßen in dem Zug, und seit Stunden gab es dort keinen Strom mehr. Viele trugen nur T-Shirts und Shorts, weil sie aus dem subtropischen Salta kamen, und zittern jetzt in der eisigen Kälte. Auch höhenkrank sind viele, im Bus riecht es nach Erbrochenem. Noch fast drei Stunden bis Salta …

SALTA

Die Stadt hat Atmosphäre. Kein Wunder, denn hier am Fuß des Cerro Bernardo ist die älteste Kultur Argentiniens zu Hause. Am Camino de los Incas wurden die Schlachten der Befreiungskriege im frühen 19. Jahrhundert geschlagen. Und später, mit dem Boom des Salpeter, wurden auf der alten Inka-Handelsstraße die großen Herden der Maultiere und Rinder zu den Minen in Bolivien getrieben. Salta war schon immer

ein Zentrum des Handels, hier trafen das Silber aus Oberperu, die Lederwaren aus der Pampa, das Holz aus dem Chaco und die Alpakawolle aus dem Altiplano zusammen.

Trotz mancher Erdbeben wird das Zentrum noch sichtlich vom spanischen Kolonialstil geprägt, und genau das macht diese Stadt so ungewöhnlich sympathisch. Selten sind die Häuser höher als zwei Stockwerke, man schaut auf rote Ziegeldächer, geschnitzte dunkle Holzbalkone und schmiedeeiserne Gitter. Die Patios sind aufwändig bepflanzt, und eigentlich fühlt man sich in den engen Gassen in ein Andalusien des letzten Jahrhunderts versetzt. Rund eine Million Menschen leben hier, und sie sind sehr stolz auf ihre saubere und sichere Stadt.

Markantes Symbol von Salta ist die rote barocke San Francisco-Kirche, deren fünffach gegliederter Glockenturm zu den höchsten in Südamerika gehört. Und eine Besonderheit sieht man im Inneren: Eine schwangere Maria, Virgen de la Pulce espera.

Eine nahezu perfekte Harmonie vermittelt auch die Plaza Nueve de Julio, denn dieser Mittelpunkt der Stadt wurde wie ein Garten angelegt. Im Frühsommer blühen dort die Bougainvilleas in ihrem dunklen Violett und die Tipa-Bäume in Gelb, nur das Rot des Ceibu fehlt noch, der Nationalblume Argentiniens.

Eingerahmt wird dieser Platz vom kolonialen Charme der Kathedrale wie von den Fassaden des Cabildo, der Bank von Salta oder des ehrwürdigen Hotels Salta.

Linke Seite: Salina Grande, Salzwüste im Abendlicht. Oben: Indianerjunge vor der Adobekirche von Susques.

Im Jahr 1582 wurde die Stadt von dem spanischen Adeligen Hernando de Lerma gegründet, doch wegen der häufigen Angriffe der Indianer aus dem Calchaqui-Tal gestalteten sich die Anfänge äußerst schwierig. Neben Erdbeben und Feuersbrünsten folgten die bewegten Jahre der Unabhängigkeitskriege. Zwischen den Jahren 1812 und 1821 diente der Ort als Bastion gegen die Spanier, die noch in Peru erfolgreich ihre Ansprüche verteidigten.

Das Kampfgetümmel im Nordwesten ist fest mit den Namen des Freiheitskämpfers Martin Miguel Güemes verbunden. Mit Mut, Gewitztheit und einem Haufen verwegener Gauchos gewann er acht Schlachten gegen die Spanier und verhinderte, dass diese Truppen weiter nach Süden vordringen konnten. Ohne seine Widerstandskraft hätte auch San Martin, der große Freiheitsheld Südamerikas, niemals seine volle Konzentration auf die siegreiche Andenüberquerung legen können. Noch heute wird die Erinnerung an Güemes in Salta lebendig gehalten: Eines der großen Feste ist das Datum seines Todestags: Dann bestimmen die Gauchos in ihren bunten Ponchos auf herausgeputzten Pferden das Bild der Stadt.

Jujuy

Im äußersten Nordwesten Argentiniens, an der Grenze zu Chile und Bolivien, liegt Jujuy. Sie gehört zu dem ärmsten und kleinsten Provinzen des Landes, ist aber von bemerkenswerter landschaftlicher Vielfalt. Da gibt es trockene, mit Kakteen übersäte Hochflächen, Schluchten mit unglaublichem Farbenreichtum, subtropische Flusstäler. Die Hauptstadt ist San Salvador de Jujuy, kurz Jujuy genannt, was auf Indianisch »zwischen zwei Flüssen« bedeutet, nämlich zwischen dem Rio Grande und dem Xibi Xibi.

Wie in Salta, war auch hier die Gründung im Jahr 1593 ein schwieriges Unterfangen, da die kleine Siedlung zweimal von den Ureinwohnern zerstört wurde. Wie viele andere Städte aus der Kolonialzeit wurde sie im Schachbrettmuster angelegt, doch Erdbeben und

Die Humahuaca-Schlucht mit dem Cerro de los Siete Colores.

Kriege haben nur wenig vom ursprünglichen Stadtbild übrig gelassen. Das Zentrum ist die Plaza Belgrano, wo angeblich am 25. Mai 1812 zum ersten Mal die von General Belgrano entworfene blau-weiß-blaue Fahne des unabhängigen Argentiniens gehisst wurde. An diesem Platz steht auch die mächtige Barockkirche mit einer Kanzel, deren goldüberzogene Schnitzereien Jakobs Traum darstellen. Dieses Meisterwerk, das zu den bedeutendsten Argentiniens zählt, wurde von Indianern in einer ehemaligen Mission der Jesuiten hergestellt.

Die größte Attraktion dieser Provinz ist das Naturwunder der 70 Kilometer langen Quebrada de Humahuaca. Dieses malerische Flusstal des Rio Grande wird von mächtigen Bergwänden gesäumt, die durch ihren hohen Gehalt an Buntmetallen ein einmaliges Farbenspiel bieten. Ein eindrucksvolles Beispiel sind die Sieben-Farben-Berge (Cerro de los siete colores) bei Purmamarca oder die Malerpalette bei Maimará. In langen Streifen von Gelb, Rot, Grün, Violett und Blau durchziehen Eisen, Mangan, Kupfer, Blei, Magnesium, Zinn, Zink und Quecksilber das Gestein. Davor recken die blühenden Kerzenhalterkakteen, die »cadores«, ihre dicken Arme in die Höhe, und der Boden ist mit Sukkulenten und Dornbüschen bedeckt, die dieser an sich mageren Landschaft etwas Außerirdisches verleihen.

Diese Quebrada war immer schon eine wichtige Verbindung nach Norden. So kamen einstmals die Krieger der Inkas durch diese Schlucht, später konnten die Spanier dieses schwierige Terrain im 16. Jahrhundert nur mühsam erobern, und für viele Jahrzehnte war es die einzige Straße zwischen dem kolonialen Oberperu und dem Vizekönigtum La Plata bei Buenos Aires. Auch hier wurden erbitterte Schlachten für die Unabhängigkeit ausgefochten. Allein elf Versuche starteten die Kolonialherren, um nach Süden vorzudringen, doch General Belgrano konnten alle Attacken abwehren. Um eine viel größere Armee vorzutäuschen, soll der General auf einem Feld bei Purmamarca den »cadores« Uniformen angezogen haben.

Wie Perlen einer Kette reihen sich kleine Orte in der Talsohle der Quebrada aneinander, und man geht davon aus, dass in diesem fruchtbaren Tal schon weit vor der Inkazeit zahlreiche Siedlungen existierten. Doch erst Ende des 19. Jahrhunderts entdeckte man in Tilcará eine Festung der Ureinwohner. Große Teile dieser pucará wurden wieder aufgebaut, so dass man sich eine solche Siedlung mit Wohnhäusern, Tempel und Friedhof plastisch vorstellen kann. Neben dem Eingang wurde ein botanischer Garten angelegt, der einen guten Einblick in die Pflanzenwelt dieser Wüstenregion gibt. Auch etliche Lamas und Vikunjas gehören in das Bild dieser Hochebene. An der Plaza von Tilcará liegt das bedeutendste archäologische Museum des Nordwestens. Neben den Mumien sind dort die großen Menhire sehenswert.

HUMAHUACA

Das auf 3000 Metern gelegene Humahuaca ist der Mittelpunkt dieser Quebrada. Auf ganze Autobusladungen haben sich die Einwohner eingestellt, und die Fremden werden geradezu bedrängt, etwas von ihren importierten Waren aus Bolivien zu kaufen. Die Kinder dagegen fragen nur nach Geld. Einzig die Kirchen sind für sie tabu, und so kann man sich in Ruhe die Innenräume im spanisch-barocken Stil anschauen und wird den starken indianischen Einfluss nicht übersehen. Sehr oft wurde mit dem leicht verfügbaren Kaktusholz gebaut, das heute unter

Naturschutz steht. Die ersten Bauherren waren die Franziskaner, die um das Jahr 1550 aus dem heutigen Bolivien kamen, dann folgten im Jahr 1585 die Jesuiten. Heute sind noch 20 dieser einfachen Gotteshäuser erhalten. Überhaupt geht man mit der Religion eher leger um: Man betet entweder zur Jungfrau Maria oder bittet die indianische Erdmutter Panchamama um Hilfe. Die Maskentänze des Karnevals, der in Humahuaca gut zwei Wochen lang gefeiert wird, gehen auf uralte indianische Traditionen zurück, die sich schon lange mit dem spanischen Katholizismus vermischt haben.

Auf dem Rückweg nach Salta machen wir noch einen Umweg in die Bergwälder von Jujuy. Einen größeren Kontrast kann man sich kaum vorstellen, denn fast unmittelbar nach den trockenen Hochtälern erwartet einen nun die feuchte und sattgrüne Landschaft eines Yungas. Hier bleiben die Wolken des Atlantiks hängen, und es regnet mehr als 1000 Millimeter im Jahr in diesen »selvas montañas«.

Oftmals liegt dicker Nebel über den Baumkronen, sodass der Eindruck des Feuchten noch verstärkt wird. In die Astgabeln der Urwaldriesen haben sich Epiphyten eingenistet wie die dekorativen Bromelien, die bei uns nur als Topfpflanzen gedeihen. Es ist die Welt der Orchideen und Kolibris, der Affen und Tapire.

Am Rande des Regenwaldes liegt San Lorenzo, wo sich die Reichen aus Salta ihre Sommerhäuser gebaut haben, um der Schwüle der Stadt zu entfliehen. In diese Gegend mit ihrer prallen Vegetation hat sich auch Werner Gräfe verliebt, der seit dem Jahr 1994 mit seiner Familie hier lebt. Als Tropenförster bei der GTZ (Gesellschaft für technische Zusammenarbeit) hat er viele Länder in Süd- und Mittelamerika gesehen, doch San Lorenzo, sagt er, übertrifft alles. Nun arbeitet er als Hotelier des eigenen Hauses Selva Montaña, und wenn er aus dem Fenster schaut, kann er die Kolibris beobachten, für die er eine Art Nektartränke installiert hat.

Von Salta nach Tucumán und Tafí delle Valle

Der schnellste Weg in den Süden, in die Provinz von Tucumán, führt auf der Nationalstraße 68 durch das Tal des Rio de las Conchas. Auch hier gibt es viel zu schauen, denn die Quebrada ist wieder ein Farbenspiel in Rot. Durch Wind, Hitze und Erosion entstanden ganz verrückte Gebilde wie el fraile, der Mönch oder la garganta del diablo, der Teufelsschlund, aber auch natürliche Amphitheater.

Auf allen großen Überlandrouten wie der RN 68 begegnet man kleinen Altären am Straßenrand. Im Nordwesten sind sie meist der Difunta Correa gewidmet und ähneln mehr einem Schrottplatz als einer Betstelle. Nicht

Kerzen werden ihr geopfert, sondern Keilriemen, Reifenstücke, Kurbelwellen und etliche Wasserflaschen.

Difunta Correa gehört zu den Volksheiligen, die einer Prüfung durch den Heiligen Stuhl in Rom wohl kaum standhalten würden. Denn jene Maria Antonia Deolinda Correa hat sich im Jahr 1841 hochschwanger auf die Suche nach ihrem Mann begeben. Sie zog durch die Wüste, brachte das Kind zur Welt und verdurstete. Allein das Kind überlebte, genährt durch die Milch aus ihrer Brust. Nun ist Difunta Correa für alle Probleme des täglichen Lebens zuständig, besonders die Trucker erbitten ihren Schutz auf ihren Reisen quer durch Argentinien.

Dagegen verlangt die legendäre Ruta 40, die das gesamte westliche Argentinien durchzieht, neben der Gunst einer Volksheiligen auch viel Sitzfleisch, einige Gelassenheit gegenüber dem Staub und ein sehr stabiles Auto. Besonders die Strecke durch die Calchaqui-Täler führt zum großen Teil nur über ausgefahrene Schotterpisten und rüde Straßen. Nach acht Stunden und 300 Kilometern schreit der Körper förmlich, und doch es ist ein beeindruckendes Erlebnis mit einer atemberaubenden Vielfalt an Landschaften.

Von Salta geht es ein wenig nach Süden, durch die Ortschaften Cerillos und El Carril, wo Tabak angebaut wird, und man sieht die geräumigen Hallen, in denen die Blätter getrocknet werden. Dann macht die Straße einen Knick nach Westen, und bei der Cueva del Gigante, der Höhle des Riesen, beginnt das Naturschauspiel.

Die Straße hat man den Felsen der Quebrada Escoipe abgerungen, und die Kurven wurden geradezu eingegra-

Die Ruinen von Quilmes geben Zeugnis von einer präspanischen Hochkultur.

ben in den Stein. Wieder überziehen die Buntmetalle in großen Wellen die Berge, die rote Farbe rührt vom Eisen und das Blaugrau vom Magnesium her. Noch gibt es keinen Blick ins Tal, denn eine dicke Nebelschicht verwehrt jeden Eindruck. Erst mit der Höhe werden die Schwaden weniger, und auf der Cuesta del Obispo, der Anhöhe des Bischofs, schaut man endlich in ein Flusstal hinunter, sieht Felder, kleine Häuser und Wege. Auf 3600 Metern liegt die Passhöhe des Piedra del Molino, und oben steht ein gewaltiges Mühlrad aus Granit. Wie es dorthin gelangt sein soll, weiß niemand zu sagen.

Auf der anderen Seite des Passes ändert sich die Landschaft abrupt, man kommt in die baumlose Hochebene des Nationalparks Los Cardones. Tausende von Kerzenhalterkakteen (*trichosereus pasacana*), die fast 50 Jahre für ihre ersten Blüten benötigen, stehen entlang der zwölf Kilometer langen und absolut geraden Straße, die deshalb Recta Tin-Tin genannt wird. Und die ferne Kulisse des schneebedeckten Nevado de Cachi mit seinen 6720 Metern erinnert an die Anden. Dahinter liegt Chile.

In Cachi haben wir das Tal des Calchaqui-Flusses erreicht. Ein nettes Dorf im ländlich-kolonialen Stil mit Adobe-Häusern und einem interessanten archäologischen Museum. Es ist Sonntag, und an der Plaza herrscht eine fröhliche Stimmung. Auf Pferden sind die Einheimischen in den Ort gekommen, um Wein zu kaufen, und so manche Flasche macht die Runde. Auf dem Heimweg können sie sich dann kaum mehr im Sattel halten. In einem Patio wird das Krötenspiel Sapó gespielt, das viel Geschicklichkeit verlangt: Mit einer Art Münzen muss man in die Löcher einer Kommode zielen; Könner treffen die Frösche aus Messing, die eine höhere Punktzahl ergeben. In einem Nebenraum wird indessen das Trockenfleisch des charqui zubereitet, das früher oftmals die einzige Nahrung für die Ritte durch die endlosen Hochtäler gewesen ist.

Das Calchaqui-Tal ist ein uraltes Siedlungsgebiet, bis heute hat diese Ebene ihren lieblichen Charme bewahrt. Sie wirkt beinahe traumverloren, wären da nicht Hunderte von grünen Papageien, die zeternd und schreiend auf den Ästen der Chañares und Algarobbo-Bäumen sitzen würden.

Mit dem Fluss kommt man nach Molinos, deren Kirche San Pedro Nolasco in der Mitte des 18. Jahrhunderts im Cuzco-Stil erbaut wurde. Gegenüber liegt die Finca Isasmendi, die dem letzten Gouverneur der spanischen Herrschaft gehörte, der ein grausamer Verfechter der Encomienda war. Unter dem Namen Hostal Provincial de Molinos wird diese Anlage seit dem Jahr 1989 als Gasthaus bewirtschaftet.

Nun wird die Landschaft wieder trockener, es beginnen schier endlose Reihen von Rebstöcken. Wir nähern uns dem Ort Cafayate, in dem die Reben zu einem guten Wein verarbeitet werden, der auch die Touristen anzieht. Der Name Cafayate heißt so viel wie »dort, wo man seine Sorgen lässt«. Damit spielten die Indianer allerdings auf den Wasserreichtum an dieser Stelle an.

Nur wenige Kilometer südlich davon beginnt die Provinz von Tucumán, dann geht es rechts nach Quilmes. Schnell ist das satte Grün vorbei, Weingüter und Reblandschaften verschwinden, und nun überwiegen wieder Steine und Kakteen. Auf einer Hochebene liegen die Ruinen von Quilmes, und man kann lesen, sie seien eines der wichtigsten Zeugnisse vorspanischer Siedlungen in Argentinien.

Ab dem Jahr 800 n. Chr. lebte hier ein Volk der Calchaqui-Indianer, bis sie von den Konquistadoren quasi ausgerottet wurden. Gut 3000 Menschen sollen in der Pucará gelebt haben. Für die Spanier muss es ein harten Kampf gewesen sein, so wie diese unerschrockenen Krieger mit den beiden Calchaqui-Kriege (in den Jahren 1630–35 und 1658–67) in die Geschichte eingegangen sind. Die überlebenden 260 Familien wurden an den Rio de la Plata getrieben, und jene, die es bis dahin geschafft hatten, gaben dem Stadtteil Quilmes in Buenos Aires ihren Namen.

Bleibt noch ein letzter Höhepunkt vor Tucumán mit seiner subtropischen Ebene: Tafí delle Valle. In zahllosen Kurven schraubt sich die Straße zum Pass El Infernillo auf 3042 Meter Höhe, und auf der anderen Seite schaut man in ein grünes Tal mit Kartoffelfeldern, die von den Tafí-Indianern schon vor Urzeiten angebaut wurden. Auf einer Hochfläche liegt der Parque de los Menhires, wo man im Auftrag der Militärregierung mehr als 100 Steinsäulen zusammengetragen hatte.

Der Besucher schaut in die eingeritzten Gesichter der Menhire und genießt den Ausblick in das Tal. Ein letztes Mal genießen wir den kühlen Wind, ehe es hinab geht in die drückende Schwüle von Tucumán.

DIE ATACAMA

Zuerst kommen Weinberge, Obstgärten und Olivenhaine, dann schieben sich die mächtigen Berge der Küstenkordillere in den Himmel, und dann kommt gar nichts mehr. Totes Land. Aus 10 000 Metern Höhe ist kein Leben mehr zu entdecken. Nur graubraune Eintöde. Vor einer Stunde ist unser Flugzeug im frühlingshaften Santiago gestartet, nun blicken wir schon über eine Mondlandschaft, die den Namen Atacama trägt und sich vom Rio Copiapó bis ins südliche Peru über eine Länge von etwa 1200 Kilometern erstreckt. Man sagt, es sei die trockenste Wüste der Welt. Außer der El Niño erlaubt sich mal ein Intermezzo, ertränkt sie plötzlich im Wasser und überzieht die Sandpisten mit einer knöcheltiefen Schlammschicht. Dann treiben die Samen, die in dieser Erde geschlummert haben, und ein Wettlauf mit der Zeit beginnt, denn nach wenigen Wochen ist

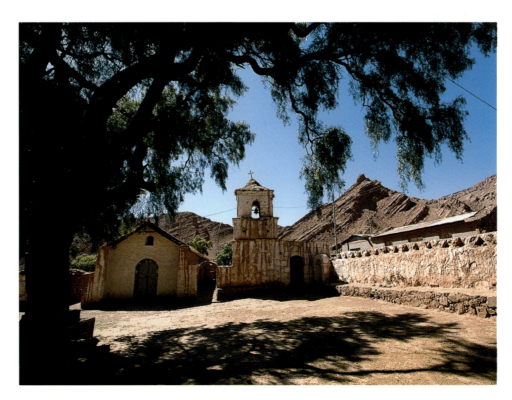

dieser Rausch aus Blüten und Farben schon wieder vorbei, verdorrt in der unerbittlich sengenden Sonne.

Wir steuern Antofagasta an. Immer versuchen die Augen, irgendetwas zu entdecken, doch es bleibt bei einem Einerlei aus erdigen Farben. Einmal schält sich aus diesem Nichts eine Stadt heraus und verschwindet wieder. Wir fliegen weiter auf das Meer hinaus, dann in einer Rechtskurve zurück aufs Land, und urplötzlich liegt der Flughafen vor uns. Ein Gebäude und ein Tanklager, das ist alles. Nach 20 Minuten sind wir schon wieder startbereit. Der Pilot gibt Gas und hebt seine Maschine in die Luft; Warteschleifen gibt es hier nicht.

Die Landschaft will sich auch jetzt nicht ändern. Unter uns die Spuren im Sand, die sich im Unendlichen verlieren. Die Straße in den Norden ist die einzige feste Linie im verschwimmenden Nirwana.

Wo bleibt die Faszination an der Wüste? »Ist langweilig«, meint der Fotograf. Die neuen Passagiere dürften das anders sehen. Männer mit gegerbten Gesichtern, kräftigen Händen und kompromisslosen Augen, die überall auf der Welt ihr Wissen gegen harte Dollars verkaufen – Spezialisten für die Kupfermine Chuqui in Calama. Gestern lösten sie noch ein Problem in China, heute reisen sie in die Atacama.

Begonnen hat alles mit dem Salpeter. Hätte man hier damals nicht das grauweiße Salz des Natriumnitrats gefunden, wäre hier wohl niemals so viel chilenische Geschichte geschrieben worden. Anfang des 19. Jahrhunderts entdeckte der böhmische Thaddeus Peregrinus Haenke in diesem Wüstenboden das Salpeter, aus dem das begehrte

Die berühmte Mondlandschaft des Valle de la Luna.

Schießpulver hergestellt wurde. Doch erst nach der Idee Justus Liebigs, dieses Natriumnitrat als Stickstoffdünger zu verwenden, entstand ein weltweites Interesse. Plötzlich wurde die Erde durchwühlt und die Landschaft war übersät mit Anlagen, man verlegte Eisenbahnschienen, ließ die Indios tüchtig arbeiten und verdiente viel Geld.

Kein Wunder, dass sich bald der Neid vieler Chilenen regte, denn sie mussten von außen zusehen. Damals gehörte Antofagasta noch zu Bolivien, die restliche Atacama war ein Teil von Peru. Als die bolivianische Regierung im Jahr 1879 mit der Enteignung einer chilenischen Salpetergesellschaft in Antofagasta drohte, wurde dies zum Anlass des Salpeterkriegs. Chile setzte sich gegen Bolivien und Peru durch. Das um vieles kleinere Land hatte beherzte Kämpfer, die die Bolivianer mühelos niederzwangen, doch mit den Peruanern bedurfte es zwei legendärer Schlachten, um den endgültigen Sieg zu erringen. Auf einer alten Holzfregatte warf sich Kapitän Arturo Prat furchtlos gegen ein modernes Panzerschiff der Peruaner und verlor dabei sein Leben. Überall in Chile trifft man heute noch auf das Denkmal der Helden von Iquique. Der Krieg endete im Jahr 1883 und prägte das Elitebewusstsein der chilenischen Armee, die ihr Ziel erreicht hatte: Bolivien musste seinen Zugang zum Meer abgeben, dem es heute noch nachtrauert, und Peru verlor alle Gebiete südlich von Tacna.

So war Chile am Ende des 19. Jahrhunderts über Nacht zu einer reichen Nation geworden. Das Weltmonopol für Salpeter brachte Steuereinnahmen, die die Hälfte des Staatshaushalts abdeckten. Doch mit dem Ersten Weltkrieg begann der Niedergang des Salpeters, als es dem deutschen Chemiker Fritz Haber 1914 gelang, die Synthese von Salpetersäure herzustellen. Plötzlich waren die chilenischen Minen uninteressant. Heute kann man die Geisterstädte der verlassenen Oficinas besuchen.

Danach rückte das Kupfer von Chuquicamata in den Mittelpunkt, und wieder konnte Chile auf reiche Pfründe zurückgreifen: Bei Calama befindet sich nämlich das größte Loch der Erde. Zwei Kilometer lang, mit einer Breite von 1,5 Kilometern und einer Tiefe von 677 Metern ist es mühelos auf allen Satellitenphotos zu erkennen. Hier werden zwanzig Prozent der Weltproduktion an Kupfer gefördert. Diese Mine gehört seit dem Jahr 1971 zum Konzern von Codelco, nachdem diese Industrie von dem damaligen Präsidenten Allende verstaatlicht wurde.

Chuquicamata hat eine lange Geschichte, denn die Kupfervorkommen waren bereits den Inkas bekannt. Um das Jahr 1882 installierte man hier die erste industrielle Gewinnung, und die späteren Besitzer, die US-amerikanische Familie Guggenheim, legte damit den Grundstein für ihren sagenhaften Reichtum. Im Jahr 1915 wurde die Mine an chilenische Eigentümer verkauft.

Chuqui ist ein Ort der Superlative: Hier wird 24 Stunden am Tag und 365 Tage im Jahr gearbeitet. Hier werden die besten Löhne Chiles gezahlt, und man lebt nicht in Baracken, sondern in soliden Häusern; den Kindern wird sogar der Besuch der Universität bezahlt.

Von Calama aus gibt es eine Straße in den Norden und eine in den Südosten, Richtung Argentinien. Von hier aus sieht die Dürre und Leere aus der Nähe. Eine Landschaft aus Steinen und Sand, in den Farben Gelb bis Braun. Nur die Oasen, gespeist aus den Flüssen der Anden, schaffen ein Dasein und sind seit Jahrhunderten bewohnt.

Wie zum Beispiel die Dörfer Rio Grande und Toconao, wo das Wasser einen wahren Garten Eden für verschiedene Gemüse und Obst aus diesen Hochtälern geschaffen hat.

Weltweit bekannt ist San Pedro de Atacama, das eine gute Autostunde südöstlich von Calama liegt. Eingerahmt von den Anden und der Domeyko-Kordillere breitet sich der Ort auf 2500 Metern Höhe aus, beherrscht

Hotel Explora: Ausgangspunkt für Atacama-Abenteuer.

von dem makellosen Kegel des Licancábur, eines Vulkans von knapp 6000 Metern Höhe.

Schon im Flugzeug hat man die Vorboten des Unwetters gespürt, doch nun fegt der Sturm mit Vehemenz durch San Pedro. In dichten Fahnen wird der gelbbraune Staub von den unbefestigten Straßen hoch gerissen, längst haben sich die unzähligen herrenlosen Hunde in schützende Ecken verkrochen. Doch die Leute stehen vor der San Pedro-Kirche und blicken gespannt über die Plaza die Straße hinunter: Heute wird der Tag des Dorfheiligen San Pedro gefeiert, doch wegen des Sturms weiß keiner, ob die Tänzer überhaupt kommen. Und dann plötzlich hört man die dumpfen Schläge einer Trommel, die Trompeten und Pfeifen andinischer Musik, und langsam bewegt sich eine Tanzgruppe auf die Kirche zu.

Ihre Kostüme aus dunkelrotem Samt sind mit goldfarbenen Ornamenten verziert, dazu tragen sie goldfarbene Stiefel und Hüte. Mit der Musik beginnt der Tanz aus Sprüngen und schnellen Drehungen. Unwillkürlich denkt man eher an Karneval als an ein kirchliches Fest. Immer wieder fegen Windböen heran, lassen die Tänzer für Sekunden hinter Staub und Sand verschwinden, müssen die Hüte festgehalten und die aufwändigen Kostüme neu drapiert werden. Doch unbeeindruckt schlägt die Trommel den Rhythmus, fordert zu neuen Sprüngen auf.

Keine Regung zeigt sich auf den Metizengesichtern, trotzig blicken die Augen den Unbilden des Wetters entgegen. Nun kommen die übrigen Gruppen die Plaza entlang, bringen mehr Farbe und Musik. Dann beginnt der Gottesdienst in der Kirche. Die Menschen drängen ins Innere, doch viele müssen von draußen zuhören.

Wer zu spät kommt, dem bleiben nur die schützenden Wände des Museums, um zu atmen und die Augen zu öffnen – ein Museum über die Atacama-Wüste und ihre Bewohner. In dieser Wüste ist vieles erhalten geblieben, denn der knochentrockene Sand hat die uralte Kultur perfekt konserviert.

So brauchte der belgische Hobby-Archäologe Gustave Le Paige, der im Jahr 1953 als Geistlicher nach San Pedro geschickt wurde, die Vergangenheit der Atacameños nur auszubuddeln. Töpfe, Schmuck, Waffen und vor allem Mumien kamen zum Vorschein. Gut 5000 davon soll der Priester besessen haben, heute gehören sie zum Museum. Die Schönste und Bekannteste unter ihnen – Miss Chile wegen ihres gut erhaltenen Aussehens genannt – hat ihr Glasgehäuse momentan verlassen, weil sie restauriert werden muss. Man hat eine Vertretung hineingelegt.

In den Vitrinen liegen Gefäße für die halluzinogenen Rauschmittel, die schon im Jahre 7500 v. Chr. dem Volk der Conchas bekannt waren. Anhand von Textilien und Keramiken ist der Einfluss des Altiplano-Volkes der Tiahuanaco zu erkennen. Sie lebten auf den Hochebenen Boliviens und trieben Handel mit den Atacameños, tauschten ihre Nahrungsmittel in San Pedro gegen Metalle und Halbedelsteine.

Am Abend ist der Sturm endlich vorbei. Die wenigen Straßenlaternen werfen ein schummeriges Licht in die Hauptstraße Caracoles, die nun voller Menschen ist. Wegen des Feiertages sind sie alle nach San Pedro gekommen. In den Patios der Restaurants mit ihrem fest gestampften Lehmböden brennen die Lagerfeuer, und man isst Empanadas, Pfannkuchen mit Fleisch oder Käse gefüllt.

Auf der Caracoles spielt sich das Dorfleben ab, man sitzt auf schmalen Bänkchen an der Straße, um zu sehen, zu reden. Hier sind die Kneipen, ein paar Lädchen mit Kunsthandwerk und die zahllosen Büros von Reiseveranstaltern, die ihre Angebote auf Tafeln vor der Tür hängen haben.

Der Tourismus ist zum Geschäft geworden, seit San Pedro auf dem Gringo-Trail liegt. Seit jene Fremden aus Europa und den USA kommen, um das Südamerika-Feeling zu erleben und die Einsamkeit der Wüste zu erfahren. Mancher bleibt für etliche Zeit hier hängen, um seine Träume auszuleben, arbeitet als Führer für die Touren in die Berge oder jobbt in den Kneipen. Wie Heike, die in Heidelberg geboren

Mumie aus der Atacama.

wurde, nun als Guide im Hotel Explora arbeitet und in dieser Landschaft eine Art Selbstfindung betreibt: »Diese Weite arbeitet in deinem Kopf, doch mehr als zwei Jahre sind nicht drin.« Für diese Zeit möchte sie in das Leben von San Pedro eintauchen, hat sich ein Adobehäuschen gemietet und ist gerade dabei, sich einen Ofen zu bauen.

Und dann gibt es die jungen reichen Chilenen, die Jeunesse dorée aus Santiago, die sich hier am Wochenende austoben. Ohne die Touristen würde keiner mehr von San Pedro sprechen, denn Bodenschätze wie das Kupfer oder Salpeter gibt es nicht. Bis in die Zwanzigerjahre des letzten Jahrhunderts machten hier tausende von Rindern und Maultieren Rast, die aus dem Nordosten Argentiniens kamen und zu den Nitratminen weiter nördlich getrieben wurden. Doch mit dem Bau der Eisenbahn war alles vorbei, und San Pedro versank in der Tristesse. Dann wurde sein koloniales Ambiente neu entdeckt und lieferte die Szene für die Avantgarde Chiles, die Inspiration für Architekten, Künstler und esoterische Aussteiger.

Noch können San Pedro und seine 1000 Einwohner mit dem Dreißigfachen an Gästen umgehen, haben die kleinen Straßen nichts von dem nostalgischen Charme einer Karawanserei verloren. Aber im Hintergrund werden Stimmen laut, die den Verlust der Identität bejammern, denn am großen Geldverdienen sind sie nicht beteiligt. Die Hotels, Restaurants und Agenturen werden meist von geschäftstüchtigen Chilenen aus Santiago geführt. Für die Einheimischen bleiben die Jobs als Fahrer oder Tellerwäscher.

Der nächste Morgen ist ein neuer Beginn eines typischen Wüstentages mit diesem unverschämt blauen Himmel, dem unglaublich intensiven Licht und dem ganz eigenen Geruch. Nur langsam kann die Sonne die Kälte der Winternacht vertreiben, mächtig frisch zieht es vom Boden herauf.

Wir haben die Pferde gesattelt und reiten zum Pukará de Quitor, der einstigen Festung der Atacameños. Vorbei an dem Friedhof von San Pedro mit seinen üppigen Grabstellen, geschmückt mit Papiergirlanden und Plastikkränzen. Etwas anderes würde die Wüstenluft nicht überdauern. Am San Pedro-Fluss lassen wir dann schließlich die

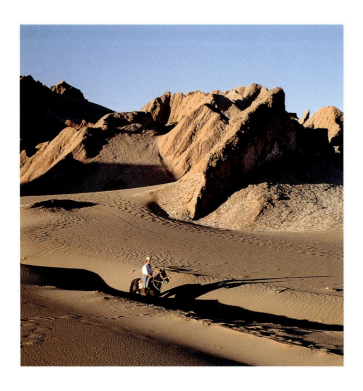

Pferde zurück und klettern den Berg hinauf nach Quitor.

Die Fundamente stammen aus dem 12. Jahrhundert, und etliche wurden wieder aufgebaut, um die Lebensweise der Atacameños zu demonstrieren. Von hier aus wurde die Oase regiert und verteidigt, man konnte über die gesamte Hochebene blicken und seine Feinde beizeiten sehen. Um das Jahr 1450 siedelten sich die Inkas hier an, die ihren Sonnenstaat errichteten und den Vulkan Licancábur anbeteten. Die Atacameños, die hierher wanderten, weil es Wasser gab und man die Nüsse der Chañares sowie die erbsenartigen Früchte des Johannisbrotbaumes ernten konnte, haben viel von ihrer Kultur übernommen. Doch knapp 100 Jahre später zogen die Spanier durch dieses Plateau, zerstörten die Festung und schlachteten die verblüfften Krieger ab, die noch nie zuvor Pferde und Gewehre gesehen hatten. Man trieb die Einheimischen im heutigen San Pedro zusammen, um die Heiden effektvoller zu missionieren und abzukassieren. Doch mit der Zeit arrangierten sich die Menschen mit den neuen Herren, indianisches vermischte sich mit spanischem Blut.

Wir reiten weiter ins Valle de la Muerte, ins Todestal. Ganz langsam schlängelt sich der Weg aus der Ebene nach oben, vorbei an gewaltigen Felsgebilden der Kordillere de Sal. Der Wind als Landschaftsarchitekt, mit unzähligen Formen von geriffelt bis gezackt, konkav oder konvex; in den Farben Beige bis Dunkelbraun – sogar schwarze Streifen sind im Gestein zu sehen, die im Sonnenlicht erglühen. Doch was am meisten fasziniert, ist diese Leere, dieses Nichts an sichtbarem Leben. Nicht einmal Fliegen gibt es hier. Kein Vogel ist in der Stille zu hören, nur das Klappern der Hufeisen, wenn das Pferd an einen Stein stößt.

Doch auch in dieser Öde kann es plötzlich rumoren, wenn ein Zuviel an Wasser wie eine Fontäne aus dem Boden schießt. Auf dem höchsten Geysirfeld der Welt, in 4300 Metern Höhe auf dem El Tatio, sollte man sich bereits bei Sonnenaufgang einfinden, denn in der kalten Luft sind die Fontänen besonders fotogen.

Die aufgehende Sonne entschädigt für das Aufstehen um fünf Uhr morgens, für die zweistündige Fahrt über abenteuerliche Schotterstraßen mit vereisten Wasserlachen, und bringt endlich etwas Wärme in die kalten Knochen.

Das Licht differenziert das graubraune Einerlei in Ockergelb bis Rotbraun, die orangefarbenen Kieselalgen rund um die Fumarolen beginnen zu funkeln, und das helle Gelb am Eingang einer Schwefelmine bildet einen giftigen Kontrast zu den sanften Farben der weichen Hänge. Das Licht lockt auch die Vizcachas aus ihren Steinhöhlen: Das sind Hasenmäuse, deren Fell perfekt an die Landschaft angepasst ist. Einzig ihre schnelle Bewegung und der buschige Schwanz machen auf sie aufmerksam. Auf der Speisekarte der Einheimischen gelten sie als ein Leckerbissen.

Vor etlichen Jahren wollte man den El Tatio anzapfen, um die Energien der heißen Quellen zu nutzen. Aber in dieser menschenleeren Gegend braucht niemand ihre Wärme, und nun stehen die Apparate nutzlos herum. Dafür besitzt die Hochfläche nun ein Thermalbad, angelegt von den Arbeitern des ehemaliges Energiewerks.

Langsam wird diese Wüste lebendig. Was in der Dunkelheit des frühen Morgens nicht zu erkennen war: hohe Kerzenhalterkakteen mit ihren gelben Blüten oder die flache Version der Schwiegermutterkissen, das würzig duftende Gestrüpp des Rica-Rica und die rotblühende Conti-Conti. Wir sehen Vikunjas, deren hellbraunes Fell fast wie eine Tarnfarbe wirkt; allein durch den weißen Bauch und das Puschelschwänzchen kann man sie entdecken. Seit Jahrtausenden leben sie hier und haben sich jeder Zähmung durch den Menschen erfolgreich widersetzt. Sie sind sehr scheu. Kaum hält das Auto, sind sie verschwunden – irgendwo im Nichts. Es sieht so aus, als habe die Atacama sie verschluckt.

Auch die Flamingos brauchen diese Landschaft als ihren Lebensraum. Im Naturreservat des großen Salzsees, dem Salar de Atacama, stehen die eleganten Vögel und fressen Algen und kleine Krebse. Sie brüten im Januar; gut 120 Tage braucht das Junge, um flügge zu werden. Ihr Feind ist die andische Möve, die gerne die Eier stiehlt.

Apachetas sind ein Heiligtum der indianischen Religion. Man findet sie an Pässen und Wegkreuzungen. Auf ihren endlosen Wanderungen zwischen den Hochebenen des Altiplano und den Tälern legten die Urvölker große Steine aufeinander – angeblich um die Müdigkeit loszuwerden. Die Pyramiden sind gleichzeitig der Wohnort der indianischen Gottheit Panchamama; diese Erdmutter ist das Symbol der Erde und Spenderin der Fruchtbarkeit der Felder. Auch die Zeichnungen auf Felsplatten, die Petroglyphen, berichten uns von der Kultur. Inkas und Atacameños haben hier ihre Darstellungen von Lamas hinterlassen, Puma und Schlange deuten auf die bolivianische Kultur der Tiahuanacos hin.

Auf dem Rückweg legen wir noch einen Stopp an den Thermen von Puritama ein. Völlig heruntergekommen, hat das Hotel Explora diese Anlage vorbildlich wiederhergestellt. Sie wird von Einheimischen sie betreut und wirkt wie eine Oase inmitten der grau-roten Steinlandschaft. Fast versteckt hinter dem hohen Cola de Zorro, einem harten Pampa-Gras, kann man auf verschiedenen Ebenen das Wasser in unterschiedlichen Temperaturen genießen. Oder nur einfach die Sonne und die Wüste genießen.

Brodelnde Wüste: Fumarole auf dem Geysirfeld von El Tatio.

DIE WÜSTEN

Das Wasser

Wasser gibt es hier genug. Seien es die tagelangen Wolkenbrüche im Süden Chiles, der vor Nässe triefende Boden Feuerlands oder die tropischen Regen in den Urwäldern von Iguazú. Nicht zu vergessen die Gletscherfelder, Wasserfälle, Fjorde und Seen. Und die Natur bedankt sich mit satten Wiesen und tiefgrünen Wäldern.

Farbwunder aus dem Regenwald: Pico de Tucán.
Links: Naturschauspiel an den Wasserfällen von Iguazú.

Nur mit dem Boot zu erreichen: die Dschungel-Lodge von Yacutinga.

DAS WASSER

ALLES FLIESST

An diesem Tag kommt das Wasser von oben, von unten, von der Seite. Die dunkelgrauen Wolken machen Ernst, der tropische Regen trommelt auf meine Kapuze, und irgendwann bahnt sich das Wasser seinen Weg in meine Schuhe. Schnell entstehen große Pfützen, aber ein Ausweichen ist unmöglich. Also: mittendurch. Außerdem trägt der Wind Millionen feinster Wassertröpfchen mit solcher Wucht herbei, dass einem der Atem stocken möchte.

»Das ist unser Wetter«, meint die Führerin, obwohl gestern noch die Sonne geschienen hat. Ungerührt ob ihrer tropfnassen Haare marschiert sie weiter. Mit uns stapfen hunderte von Touristen, viele in blauen und gelben Regencapes, die sie schnell an einem der Kioske gekauft haben.

DIE WASSERFÄLLE VON IGUAZÚ

Die Wasserfälle von Iguazú gehören zu den Top ten Südamerikas und liegen an der Grenze zwischen Argentinien und Brasilien. Durch Zufall wurden sie im Jahr 1541 von dem Spanier Alvar Nuñez Cabeza de Vaca entdeckt. Allerdings dürfte er beim Anblick der riesigen Wassermassen wenig begeistert gewesen sein. Für ihn stellten sie ein schier unüberwindbares Hindernis dar, denn er suchte eine Verbindung zwischen der brasilianischen Küste und der Stadt Asunción, einem Mittelpunkt des kolonialen Südamerika.

Iguazú bedeutet »große Wasser« in der Sprache der hier lebenden Guaraní-Indianer, und für sie ist dieses einmalige Naturschauspiel ein Quell von Legenden: Geschichten von Liebe und Rache, von einer schönen Tochter und einem enttäuschten Verehrer ranken sich darum. Dagegen ist die geologische Erklärung viel weniger romantisch: Die Wasserfälle sind ganz einfach ein Resultat vulkanischen Wirkens. Dort, wo die Lava ihren Fluss stoppte, schoss das Wasser über 70 Meter in die Tiefe. Noch weit entfernt davon wird man von den Sprühnebeln eingehüllt – eine ideale Feuchtigkeitsmaske für den ganzen Körper.

Unten angekommen, quälen sich die wieder vereinigten Wassermassen des Iguazú noch durch eine Schlucht, bevor sich der Fluss im Paraná verliert, einer der größten Ströme Südamerikas. Man sagt, dieses Naturwunder sei höher als die Niagara-Fälle und eindrucksvoller als die Kaskaden des Sambesi an den Victoria-Fällen. Argentinien und Brasilien müssen sich diesen Superlativ eines Naturwunders teilen.

Eingebettet ist dieses tobende Wasserspektakel in einen subtropischen Dschungel, der nicht minder fremd und aufregend ist. Schon seit dem Jahr 1934, als der argentinische Parque Nacional Iguazú konzipiert wurde, der über eine Fläche von fast 68 000 Hektar Regenwald verfügt, sind Flora und Fauna geschützt. Allerdings führt die Nationalstraße 101 durch dieses Terrain und erlaubt ein vergleichsweise gemütliches Sightseeing vom Bus aus.

Noch ist der Iguazú ein träger Fluss, dann kommt die Garganta del Diablo.

In Brasilien steht auch das einzige Hotel, das unmittelbar im Nationalpark liegt. Es ist das ehrwürdige und staatseigene Das Catarates, gebaut im charmanten Kolonialstil. Auch im Inneren, noch betont durch das dunkle Mahagoniholz, fühlt man sich um hundert Jahre zurückversetzt.

Weil es so stark regnet, fehlen an diesem Tag die knatternden Hubschrauber und jaulenden Speedboote, die sich sonst weit in den berüchtigten Teufelsrachen hineinwagen. Erst wenn den Passagieren die Farbe aus dem Gesicht weicht, kehren sie um. Mir reicht der Blick auf Millionen von Kubikmetern grünbraunen Wassers, das mit einem Höllenlärm hinabstürzt.

Die brasilianische Seite vermittelt den besten Eindruck von der imposanten Größe und ungeheueren Vielfalt der Iguazú-Fälle. Über eine Breite von knapp drei Kilometern kann man an die 270 einzelne Kaskaden sehen, jedoch variiert ihre Zahl mit der Regenmenge und dem Staudamm von Curitíba. Auf jeden Fall sind es deutlich mehr, als das Auge erfassen kann.

Die argentinische Seite bietet dafür den Einblick ins Detail. Einem Catwalk ähnlich spaziert man auf den Stegen in das pulsierende Leben dieses Biokosmos hinein. Hundertfach wird der heranströmende Iguazú durch Felsen und kleine Inseln geteilt, in kleinen Becken aufgefangen, wieder über die nächste Klippe gekippt und auf tiefer liegende Steinblöcke geschleudert, die sich von der Wucht des Wassers schon gerundet haben. Das Übermaß an Feuchtigkeit ist ein Paradies für Farne und Moose, die sich an unfassbar steilen Wänden festkrallen.

Endlich hat der Regen aufgehört, und schon sind die Nasenbären wieder auf der Suche nach Essbarem. Von den Leckerbissen der Touristen verwöhnt, ist ihre Bettelei eine Plage geworden, kein Rucksack ist mehr vor ihnen sicher. Nun erst kann man jene Spezies von Turmspringern sehen, die sich durch ihr graubraunes Gefieder kaum

Das Überqueren von Wasser will geübt sein.

von den nassen Basaltfelsen unterscheiden. Bewegungslos hängen sie an den glitschigen, senkrechten Wänden, völlig ungerührt von Wasserfahnen und Wind, der ihnen das Gefieder sträubt. Doch plötzlich, auf der Jagd nach Mücken, geht es im Sturzflug nach unten, und Sekunden später lassen sie sich von einer Böe wieder nach oben tragen. Eine perfekte Anpassung an die Natur. Der Mensch ist froh, andere Möglichkeiten zu haben.

Drei Farben beherrschen die Region: das Grün des Urwaldes, das Rot der eisenhaltigen Erde und das dunkle Braun des sumpfigen Wassers. Auch der uralte Mercedes-Lastwagen, mit dem wir zur Yacutinga Lodge unterwegs sind, hat sich seiner Umgebung angepasst, damit man den Staub nicht so sieht. Die Ladefläche ist mit Holzbänken ausgestattet, rundherum freie Natur. Vierhundert Arten von Vögeln, 40 Spezies Säugetiere und 2000 verschiedene Pflanzen gibt es hier in dieser Wildnis zu entdecken, die sich treppenartig aus Bäumen, Lianen, Büschen und Moosen zusammensetzt. Als Epiphyten wachsen die Orchideen auf den Ästen der Bäume, und mit großen Blättern erkämpft sich der Philodendron den Weg ans Licht.

Plötzlich endet die Fahrt am Wasser. Jeder bekommt eine Schwimmweste, dann geht es in die Boote. Das größte Problem an diesem Tag ist der geringe Wasserstand des Iguazú-Flusses, der vom Curitíba-Staudamm reguliert wird. So rammen die Boote immer wieder an herausstehende Wurzeln oder andere Holzteile. Eigentlich ist dies hier das Terrain der Kaimane, doch nirgendwo ist auch nur ein kleines Anzeichen von ihnen zu sehen. Überhaupt liegt eine grenzenlose Ruhe über dem Fluss, der nur eine minimale Strömung aufweist. Auch die Ufer sind wie ausgestorben. Das einzige, was wir sehen, sind die Erdbauten des Wasserschweins, des größten Säugetiers Südamerikas.

Nach der exotischen Träumerei auf dem Wasser geht es wieder in einen Lastwagen; nun endlich sehen wir die Anlage von Yacutinga.

So könnte das Paradies aussehen: Im Garten hängen die Bäume voller Papayas, und unter den großen Blättern der Bananenstauden entdeckt man die noch grüne Früchte. Dazwischen recken sich die schlanken Stämme der Palmitos in die Höhe, an deren Spitze die begehrten Palmherzen sitzen, deren Ernte sich für viele Dollar verkaufen lässt. Mittlerweile ist dieser Baum streng geschützt, denn wenn man ihm den Kopf abgeschlagen hat, ist er dem Untergang geweiht.

Michaela Steffen empfängt ihre Gäste an der Rezeption. Groß, blond und deutsch. Sie wurde in Mönchengladbach geboren, hat aber nie in Deutschland gelebt, sondern ist in Venezuela aufgewachsen. Seit gut zwei Jahren ist sie mit Carlos Sandoval verheiratet. Mit der Yacutinga Lodge hat sich der Architekt seinen Traum eines ökologischen Tourismus erfüllt. Er möchte den Menschen den Urwald und seine Schätze näher bringen und dabei die Natur möglichst wenig verletzen.

In Argentinien steckt diese Art zu denken noch in den Kinderschuhen. »Diese Anlage zu bauen, war eine riesige Schinderei«, meint er, denn der tropische Regen weichte den Boden auf, und der Beton für die Grundmauern konnte nicht trocknen. Doch irgendwann war es endlich fertig, und heute sind sie sehr stolz auf ihre Lodge. Fünfhundertsiebzig Hektar Regenwald gehören zu Yacutinga; auf vier Hektar steht die Hotelanlage. Deren 20 Zimmer wurden in kleine Bungalows verteilt, die sich so gut in der grünen

Natur verstecken, dass man sie auf der ersten Blick kaum wahrnimmt.

»Sämtliche Möbel haben wir selbst gemacht«, erzählt Michaela. »Gezimmert aus dem Holz der umgestürzten Bäume.« Auch die Zutaten der Gerichte kommen oft aus dem Garten, der bei dieser fruchtbaren Erde wächst und gedeiht. So könne man beinahe autark leben, meint die Hausherrin. Nur der Diesel für die Generatoren müsste noch besorgt werden.

Rund um die Anlage wurden Lehrpfade angelegt, und im Visitors Center ist eine Kinderstube für Orchideen angelegt: »Denn bei dem dichten Grün sieht man zunächst gar nichts«, erklärt Carlos, und daher müsse man mit einem Führer durch den Urwald gehen, um diesen Biokosmos schätzen zu lernen.

Yacutinga gehört zur Fondación Vida Silvestre Argentina und wird vom englischen WWF unterstützt. Wo heute das Hotel steht, hatte man das Terrain weiträumig abgeholzt und als Weideland genutzt. In den letzten Jahren wurden wieder viele Bäume gepflanzt, jeder Besucher darf die Schaufel in die Hand nehmen und einen neuen Setzling in die Erde stechen. Der grüne Winzling bekommt dann das Namensschild des Pflanzers, und mit der Zeit wird daraus dann schließlich ein internationaler Wald entstehen.

Mit der Dämmerung marschieren wir in den Urwald. Doch das Warten auf einen Tapir oder Ameisenbär ist meistens umsonst. Vom König des Dschungels, dem Jaguar, ganz zu schweigen. Trotzdem – der Wald ist wach, ungezählte Tierstimmen und das eindringliche Zirpen der Grillen beherrschen die Nacht, untermalt vom Quaken handtellergroßer Frösche und dem penetranten Sirren der Mosquitos. »In 30 Jahren habe ich nur ein einziges Mal einen Jaguar gesehen«, tröstet uns Carlos, »und der Anblick dauerte zwei Sekunden«.

Auf dem Rückweg kommen wir an großen Plantagen aus Büschen der Yerba Mate vorbei. Sie sehen ziemlich ungepflegt aus. »Die Ernte lohnt nicht, weil die Mate aus Brasilien viel billiger ist«, klärt Carlos uns auf. Deshalb arbeiten etliche der Einheimischen lieber auf ihrer Lodge, um ihre Familien durchzubringen. Mit den Blättern der Yerba Mate wird ein Tee aufgebrüht, der sehr belebend wirkt, den Hunger nimmt und die Verdauung anregt. Es stammt ursprünglich von den Guaraní-Indianern, die in dieser Ecke Südamerikas zu Hause sind. Einst galten sie als Kannibalen, und so mancher Missionar soll in ihrem Kochtopf gelandet sein. Im frühen 17. Jahrhundert kamen dann die Jesuiten nach Misiones, und von ihren Missionen hat diese Provinz auch ihren Namen bekommen. In einem Vorläufer des Kibbuz holte man die Ureinwohner von den Jesuiten zusammen, um sie vor der Fronarbeit zu schützen und ihnen eine Ausbildung im Handwerk und in der Landwirtschaft zu geben. Doch Spanien misstraute diesem »Staat im Staat«, im Jahr 1767 mussten die Jesuiten Südamerika verlassen. Der amerikanische Film »Die Mission« mit Robert de Niro nimmt darauf Bezug. Heute sind die Missionen in der Provinz verfallenen, geblieben sind die Plantagen für den Mate-Tee. Zunächst als Teufelsgetränk von den Jesuiten verdammt, erkannten sie bald den Wert dieses *ilex paraguarinensis*.

Heute ist das gemeinsame Trinken von Mate eine weit verbreitete Geste

der Freundschaft. So wandert ein rundes Gefäß (kalabassa) mit Saugröhrchen (bombilla) herum, und jeder muss einen Schluck davon nehmen. Unverzeihlich ist es dabei, mit dem Röhrchen umzurühren oder gar das Mundstück abzuwischen.

Unterwegs nach Bariloche

Unter den Vulkanen und vor den Schneebergen, zwischen den großen Seen – der wohl riechende, der stille, der wilde chilenische Wald … Die Füße versinken im toten Laub, ein brüchiger Zweig knackt, die riesigen Araukarien recken ihre krause Gestalt, ein Vogel des kalten Urwalds kommt geflogen, flattert, lässt sich im schattigen Gezweig nieder. Wer den chilenischen Wald nicht kennt, kennt diesen Planeten nicht«: Gut nachempfinden lassen sich diese Zeilen Pablo Nerudas auf der Reise von Puerto Varas nach Bariloche; ein Wechselspiel aus Wäldern, Seen und Vulkanen. Mit dem Wettergott sollte man sich dabei allerdings gut stellen, denn es regnet neun Monate im Jahr, und 4000 Millimeter Niederschlag gehören hier zu den durchschnittlichen Werten. In dicken Schnüren fällt das Wasser vom Himmel und kann der tropischen Variante leicht Paroli bieten, nur dass die Temperaturen dabei viel kälter sind.

Uns ist der Gott nicht gnädig, und der Kegel des Osorno hält sich hinter einer dunkelgrauen Wand versteckt. Vom Llanguihue-See setzt sich unser Weg nun in Richtung Südosten nach Petrohué fort, wo wir in einen Katamaran steigen und den See Todos los Santos überqueren, der durch seine tief smaragdgrüne Farbe verblüfft. Der See gehört zum 250 000 Hektar großen Parque Nacional Vicente Pérez Rosales, dem ältesten Nationalpark Chiles. Er wurde im Jahr 1926 gegründet und reicht bis an die argentinische Grenze heran; dahinter trägt er den Namen Parque Nacional Nahuel Huapí. Das Bild wäre komplett, könnten wir noch den Vulkan Puntiguado mit seiner weißen Spitze sehen. Stattdessen betrachten wir die Wassertropfen an den Fensterscheiben.

In Peulla heißt es wieder aussteigen, und das dortige Hotel ist die einzige Möglichkeit zum Übernachten. Am nächsten Morgen geht es weiter durch den Regenwald. Die Erdstraße wird wie von grünen Wänden durch einen Dschungel aus Colihue-Bambus, Alerce, Araukarien, Farnen und Moosen begrenzt. »Ohne Machete hat man keine Chance, auch nur einen Zentimeter in diesen Wald einzudringen«, bestätigt der Busfahrer. Keuchend windet sich sein Fahrzeug auf die Höhe des Pérez Rosales-Passes, der die Grenze zwischen Chile und Argentinien markiert. Ein einsamer Schlagbaum inmitten übermächtiger Vegetation und ein übereifriger Zöllner inmitten des Nichts. Wir müssen alle aussteigen und dürfen nach wenigen Minuten wieder in den Bus klettern. Dann geht es in vielen Kehren wieder nach unten, und in Puerto Frias wartet ein Katamaran, der uns über den Lago Nahuel Huapí bringt. Auf einer Halbinsel entdeckt man das Llao Llao, das wohl bekannteste und älteste Ressorthotel Südamerikas und der ganze Stolz des argentinischen Hotelgewerbes. Das Ziel unserer Reise ist Carlos di Bariloche – eine Stadt, in der 100 000 Menschen angesiedelt sind. Es ist das argentinische Freizeit-Mekka und der Treffpunkt des Jetsets. Zwischen den Partys geht man zum Skifahren, Fliegenfischen und Mountainbiken. Inmitten all der geschmacklosen Bauten stehen Häuser, die man eher in unseren Alpentälern vermuten würde. Sie verkörpern den Estilo Bariloche, den ein Architekt namens Alejandro Bustillo wohl als Souvenir aus Europa mitgebracht hat. Auch die Herstellung von Schokolade, die in Bariloche produziert wird, lässt einen unwillkürlich an die Schweiz denken. »Aber die schmeckt leider wie Pappe«, bedauert Harald, der hier als Bergführer arbeitet und lieber auf das Paket seiner Verwandten aus Deutschland wartet.

Die Kanäle und Fjorde Feuerlands

Noch am Abend verlassen wir an Bord der Terra Australis den Hafen von Punta Arenas und fahren durch die Magellan-Straße zur Inselwelt Feuerlands. Angelegt wie ein Dreieck, wird das Archipel von den beiden Ozeanen Atlantik und Pazifik eingerahmt; die Spitze heißt Kap Horn. Weiter südlich gibt es nur noch die Antarktis.

Nach Feuerland treibt einen nicht der Zufall. Viel zu beschwerlich ist die Reise in dieses heillose Gewirr von Inseln zwischen dem 52. und 56. Breitengrad: als hätte dem Schöpfer zuletzt die Kraft gefehlt, eine Ordnung zu schaffen. Vergletscherte Berge dominieren das Bild. Sie gehören zur Andenkordillere: Ganz im Süden wird die Bergket-

Llao Llao: Luxushotel am Nahuel Huapì-See.

DAS WASSER

te durch die Magellan-Straße unterbrochen, um dann als Darwin Range von Westen nach Osten das restliche Amerika zu durchqueren. Ihre Gipfel sind die Prellböcke für das schlechte Wetter aus der Antarktis. Dadurch teilt sich Patagonien in die nördlichen trockenen Ebenen mit ihrem legendären Wind und den bergigen Süden mit seinen Wäldern, Fjorden, Gletschern und Wasserfällen.

Die subarktischen Wälder gleichen einem Dschungel, von denen viele tausend Quadratkilometer noch nie von einem Menschen betreten wurden. Da hängt der Baumbart in dichten grünlichen Schleiern von den Ästen der Scheinbuchen herunter, klobige, mit Moos bezogene Steine bedecken den Waldboden, darüber ein Chaos aus toten Baumstämmen, und an vielen Stellen wölben sich knorrige Wurzeln, denen längst das Erdreich weggeschwemmt wurde.

Mit Schlauchbooten werden wir an Land gebracht, und hinein geht es in den Urwald. Nur mehr auf allen Vieren klettert man über die glitschigen Stämme, hält sich an den Lianen, wenn der Matsch zur Rutschbahn wird. »Nun wieder nach unten«, hört man die Stimme von Mauricio, der einen Heidenspaß an unseren Verrenkungen hat. Ein anderes Mal geht es über die Hochmoore, wo der Boden so nass ist, dass bei jedem Schritt das Wasser unter den Schuhen hervorquillt. Wir erreichen eine Gegend, die mit Teichen übersät ist. »Es ist das Werk der Biber«, sagt Mauricio. »Mit ihren Dämmen haben sie das Wasser aufgestaut und die Landschaft und ihr Ökosystem völlig verändert. In den 1940er-Jahren brachte man die Biber nach Feuerland, doch ihre Felle besaßen nicht die Qualität von denen in der viel kälteren Behring-See. So hat man die Tiere schlichtweg vergessen, und seitdem können sie sich ungehindert vermehren.«

Ende März färben sich die Blätter der Scheinbuchen, die ersten gelben und roten Tupfen kommen zum Vorschein. Die letzten roten Beeren hängen vertrocknet an einem Calafate-Strauch,

Urwald an der Laguna Verde auf Feuerland.

und der Feuerbusch hat nur mehr eine einzige rote Blüte, während die übrigen Dolden längst verwelkt sind.

Nur noch wenige Wochen wagt sich das Schiff in die Nähe der großen Eisfelder wie den Serrano-Gletscher. Langsam schiebt sich die Sonne durch die Wolken, und mit dem Licht beginnt das urzeitliche Gebirge in tausendfachen Blau-Nuancen zu glitzern. Nie scheint das unheilvolle Knirschen und Krachen in seinem Innenleben aufzuhören, immer wieder lösen sich gewaltige Eisbrocken und rutschen mit lautem Knall in den Fjord.

Es ist ein strahlend schöner Tag im Nationalpark Alberto d'Agostini; einer jener Momente, wo man nicht verstehen kann, dass in diesem Archipel kaum ein Mensch lebt, nie ein Boot oder gar eine Hütte zu sehen ist.

Feuerland gehört noch heute zu den einsamsten Gegenden der Erde. Nur eine Handvoll Orte findet man auf der Isla Grande, wie das chilenische Porvenir und die argentinische Stadt Ushuaia. Nur wenige Regionen dieser Welt trotzen einer Besiedelung so erfolgreich wie Feuerland. Das harsche Wetter und der unfruchtbare Boden vergällt selbst abenteuerlustigen Europäern einen dauerhaften Aufenthalt. Zwar lassen sich auch heute noch Idealisten und Aussteiger für diese Einsamkeit begeistern, doch in der Regel kehren sie schon nach wenigen Jahren frustriert in angenehmere Gefilde zurück.

Der allererste Europäer auf Feuerland war Fernando de Magellanes, der im Auftrag Karls V. einen Weg zu den Gewürzinseln im Osten suchte, den Molukken im indonesischen Archipel. Am 20. September 1519 verließen fünf Karavellen ihre spanische Heimat und ankerten fünf Monate später in der Mündung des Rio de la Plata, der nach den Berechnungen des deutschen Martin Behaim die richtige Passage sein sollte. Der herannahende Winter ließ diesen Irrtum fast zur Katastrophe werden. Mit jedem Tag wurde das Wetter schlechter, und die Expedition musste in einer Bucht überwintern. Endlich, am 21. Oktober 1520, fand Magellan den ersehnten Zugang zur Meerenge: »Ein ungeheures Schweigen erwartet sie. Kein Lebewesen zeigt sich rings, doch es müssen Lebewesen verborgen hier hausen, denn nachts leuchten zur Seite flackernde Feuer …«, so heißt es bei Stefan Zweig. Vielleicht ist das eine Erklärung dafür, dass die neu entdeckte Region den Namen Feuerland bekam. Nach 30 Tagen erreichten sie schließlich das offene Meer auf der anderen Seite, und Magellan taufte es Pazifik. Nach all den erlebten Stürmen und Springfluten in der Passage erschien ihm dieser Ozean außerordentlich ruhig. Weitere vier Monate später ankerte man endlich vor den Gewürzinseln, doch Magellan war dieser Triumph nicht mehr beschieden. Nur wenige Wochen zuvor wurde er von Eingeborenen auf der Philippinen-Insel Mactan ermordet. Von Spanien längst vergessen, kehrte nur eines der ehemals fünf Schiffe im Jahr 1522 in den Hafen von Sevilla zurück. Von der Öffentlichkeit beinahe unbemerkt war die Welt zum ersten Mal umsegelt worden.

Die Geschichten der Heimkehrer schürten die Angst unter den Seefahrern, und so schleppte man lieber die Waren weiterhin über die Enge von Panama, als sich in die teuflischen Gefilde Patagoniens zu wagen. Erst rund 300 Jahre später entdeckte der englische Kapitän Robert Fitzroy die Passage des Beagle-Kanals zwischen der Isla Grande und der Navarino-Insel und gab der neuen Durchfahrt den Namen seines Schiffes.

Als Passagier war übrigens auch Charles Darwin auf der Beagle. Im Jahr 1834 beschrieb er die Feuerland-Indianer als »unwürdige Kreaturen unter den Menschen«. Als »Studienobjekte« brachte Fitzroy drei von ihnen nach London, wo sie nach englischem Vorbild erzogen wurden. Doch kaum hatten jene wieder heimatlichen Boden unter den Füßen, vergaßen sie ihre Erziehung und brachten ihre Begleiter kurzerhand um.

Erst die Epoche der Schafzucht erweckte das südliche Ende Amerikas zu neuem Leben. Zu Testzwecken eingeführt, kamen die Tiere von den Falkland-Inseln überraschend gut mit der rauen Witterung und dem mageren Gras zurecht. Riesige Flächen wurden eingezäunt, und damit wurde die Konfrontation mit den Ureinwohnern geradezu provoziert. Unausweichlich folgte ein harter Kampf ums Überleben, den die Europäer schnell für sich entschieden: Von den ehemals 10 000 Feuerland-Indianern überlebten gerade mal 350. Wer nicht umgebracht wurde, erlag den Pocken, die von den Europäern eingeschleppt worden waren. Über Jahrtausende hinweg hatten die Feuerland-Indianer ihre Lebensweise den harten Bedingungen dieser Gegend angepasst. In der Steppe wohnten die Onas und Haush und jagten Guanakos, während die Yamanas und Alacalufs in ihren Kanus aus Baumrinde lebten und sich vom Artenreichtum des Meeres ernährten. Nun wollten es ihnen die Europäer nachtun.

Das große Geld, das einst mit den Schafen verdient werden konnte, ist längst zerflossen, und wie ein Relikt vergangener Zeiten erscheint auch Yendegaia, früher eine prächtige Estancia. Heute scheint die Farbe das Haus zusammenzuhalten, und die Fetzen von Schafwolle, die am Stacheldraht hängen, erinnern daran, dass es hier mal eine riesige Herde gegeben hat. Die Pferde müssen nun Touristen tragen, die 44 000 Hektar Land sind für ein privates Naturschutzgebiet vorgesehen. Nur die Magellangänse schnattern wie eh und je. Zeit zur Meditation.

Heute ankern wir vor der Insel Navarino, dem einstigen Stammland der Yamanas-Indianer. In Puerto Williams kann man noch ihren Nachkommen begegnen, und obwohl sie sich schon lange mit der übrigen Bevölkerung vermischt haben, sind ihre Gesichter vom Indianischen geprägt. Sie hocken vor dem Eingang des Martin Gusinde-Museums und verkaufen ihre geschnitzten Souvenirs. Im Museum sind Gegenstände und Fotografien ausgestellt, die das frühere Leben der Einheimischen zeigen. Es ist das Werk des Priesters und Ethnologen Martin Gusinde, der aus Breslau stammte und dem es tatsächlich gelang, das Vertrauen der Ureinwohner zu gewinnen. Gusinde gehörte zu dem Orden der Salesianer, der um das Jahr 1870 vier Missionen auf Feuerland gründete.

Knapp 1000 Einwohner zählt Puerto Williams, und wäre es nicht ein Stützpunkt der chilenischen Marine, kein Mensch würde hier leben. Doch so stehen die kleinen Wohnhäuser der Militärs akkurat nebeneinander, und ihre blauen Dächer leuchten in den wässrigen Sonnenstrahlen, die schon wieder den nächsten Nieselregen andeuten. Auf den schlammigen Straßen fahren Jeeps und Lastwagen der Armee. Plötzlich erfüllt Lärm die Luft, eine Boeing landet auf dem winzigen Flughafen. Die Militärs salutieren, und nach wenigen Minuten startet das

Flugzeug wieder. Eigenartig. Die Soldaten entspannen sich, vom Hafen her hört man das kommunikative Geschnatter der Magellan-Gänse, überlagert vom aggressiven Geschrei der Möwen. Alltag in Puerto Williams.

Die Terra Australis verlässt den Beagle-Kanal und windet sich durch Fjorde und Kanäle zur Magellan-Straße. Noch gibt einen letzten Stopp vor Magdalena Island, 20 Kilometer nordwestlich von Punta Arenas. Im Sommer brüten hier tausende von Magellan-Pinguinen; das ganze Eiland ist übersät mit Erdlöchern, worin die Nachzucht aufgezogen wird.

DAS SEENGEBIET DER »CHILENISCHEN SCHWEIZ«

Die ersten Deutschen in Chile waren die Jesuiten. Sie kamen um das Jahr 1616 und wollten die Ureinwohner der Mapuche missionieren. Nachdem sich diese im Jahr 1767 erfolgreich dagegen gewehrt und die Jesuiten vertrieben hatten, dauerte es fast ein halbes Jahrhundert, bis die Europäer in der Blütezeit von Valparaiso wieder in den Süden gelangten. Darunter war auch Bernard Philippi, der botanischer Studien wegen hierher kam und beim Anblick der menschenleeren grünen Landschaft im Geiste schon schindelgedeckte Häuser mit hübschen Gärten vor sich sah: eine Art Pendant zu Oberbayern mit seinen Seen. Auch die Regierung in Santiago wollte diese Region besiedeln. Deshalb reiste Philippi als Einwanderungsbeauftragter nach Deutschland und schürte unter Bauern und Handwerkern kräftig Begeisterung. Chile bot ihnen 20 Hektar Land pro Familie, dazu ein Ochsengespann, einen Pflug, Aussaat für die erste Ernte und eine Steuerbefreiung für die nächsten 15 Jahre. Trotz allem wartete auf die Neuankömmlinge eine endlose Plackerei, denn der Ackerboden musste den dichten Urwäldern erst abgerungen werden. Die ersten Ernten waren dementsprechend kläglich. Aus jener Zeit stammen übrigens auch die Brombeerhecken und der gelb blühende Stachelginster, die man als lebende Zäune verwendete und die zu einer alles überwuchernden Plage geworden sind.

Mit den Generationen entwickelten sich die Bauernkaten zu respektablen Herrenhäusern und die Werkstätten zu florierenden Unternehmen. Heute besitzt diese Region nach Santiago das höchste Bruttosozialprodukt. Wer es sich leisten kann, besucht die Deutsche Schule und lässt sich im Deutschen Krankenhaus behandeln. Obwohl man stolz auf die deutschen Vorfahren ist, wird im Alltag Spanisch gesprochen; viele haben die Sprache ihrer Großeltern oder Urgroßeltern auch ganz vergessen. Einige Wörter wie zum Beispiel »kuchen« fanden Eingang in den spanischen Wortschatz; der Plural davon heißt »kuchenes«. Allein die Familiennamen geben einen Hinweis auf die Wurzeln in der Alten Welt; hinzu kommt das fast trotzige Festhalten an Traditionen wie dem übertriebenen Ehrenkodex und dem soldatischen Auftreten. Es sei ein »Staat im Staat«, wird dieser Enklave vorgeworfen, unterscheidet sie sich doch in der Mentalität ihrer Menschen deutlich vom sonstigen Südamerika. Prägend ist auch die Geschichte der unseligen Sekte »Colonia Dignidad« unweit von Puerto Montt. Diese Stadt ist der rührige Mittelpunkt der Region, ein seltsames Gemisch aus wenigen Kolonialbauten und vielen gesichtslosen Betonklötzen. Dagegen besitzt die Hafengegend von Angelmó noch viel urwüchsiges Leben. Jeden Morgen ist Markt, der Anblick der Gemüse ist ein berauschendes Spiel der Farben. Nebenan stapeln sich Congrio, Seebarsch und Seewolf, Schnecken, Seeigel und Seewalze als seltsame Mollusken und natürlich Muscheln, darun-

»Schwarzwaldidylle« in Frutillar.

ter auch die so begehrten wie raren Abalone, genannt Locos, die viele Monate lang geschützt sind. Es ist ein Garten Eden für Augen und Magen.

Dieses Seengebiet gehört zu den schönsten Regionen Südamerikas. Man hat ihr den Stempel »chilenische Schweiz« aufgedrückt; auf der anderen Grenzseite heißt sie folgerichtig »argentinische Schweiz«. Auch der Tourismus nimmt fast Schweizer Ausmaße an. Seit Jahrzehnten kommen Brasilianer, Argentinier und Deutsche hierher.

Den zweigrößten See Chiles, den Llanquihue-See, nannten die Mapuche »tiefe Stelle«. Das allein gereicht zwar noch nicht zum Superlativ, aber wenn sich der Vulkan Osorno mit seiner weißen Haube in seinem Wasser spiegelt, ist das ein überwältigendes Naturschauspiel. Rund um den See liegen die Orte Puerto Varas, Llanquihue, Frutillar und Puerto Octay, wo fast ausschließlich deutschstämmige Chilenen leben. Da entdeckt man Schilder wie Hotel Salzbug oder Residenz am See.

Frutillar würde geradezu mühelos als Sieger im Wettbewerb »Unser Dorf soll schöner werden« hervorgehen. Gärten voller Blumen und Gartenzwerge, Fensterbänke mit Blumenkästen, akkurat gepinselte Häuser, säuberlich gekehrte Wege und immer wieder das Schild »kuchen«.

Ein Haus, das auch gut im Schwarzwald stehen könnte, ist heute das Museo Colonial Alémán. Ein echter Schmied hält sein Eisen in die lodernde Glut. Er kann noch ein bisschen Deutsch und nutzt gern die Gelegenheit, endlich mal wieder seine Kenntnisse an den Mann zu bringen.

Ganz anders ist es bei Andrea Lindemann. Ein kehliges Norddeutsch hat sie sich bewahrt, trotz 50 Jahren Chile. Mit ihrem Mann Horst spricht sie Platt; beide stammen aus Holstein. Früher arbeiteten sie als Bauern; nun hat der Sohn die Landwirtschaft übernommen und sie führen eine Pension. Wer Lust auf einen Sauerbraten oder Grünkohl mit Pinkel hat – hier, mitten in Chile, soll er besonders gut sein! Mit dem vielen Regen kommt Andrea Lindemann zurecht, weil es auch in Holstein nicht viel anders ist. Doch Lylian, die eine Fishing Lodge besitzt, gehen die langen feuchten Monate auf die Nerven. Wenn die Sommersaison im März vorbei ist und sämtliche Sportangler das Weite gesucht haben, packt sie die Koffer und fährt nach Santiago. »Denn außer Damenkränzchen und Nähkurs herrscht dann nur Langweile.«

Die Angler treibt es aus gutem Grund hierher. Nirgendwo ist das Petriheil so gewiss, haben die Fische eine solche Größe wie in den Gewässern im Süden Chiles. Während der Saison kommen ganze Teams aus Kanada und den USA, mieten sich Boote und Leute zum Rudern, die die Tücken des Gol-Gol-Flusses in- und auswendig kennen.

»No!« klingt es leicht gereizt von hinten, weil meine Angelschnur sich stümperhaft um die Rute wickelt. Paulo steuert das Boot, er ist Fischer von Beruf und begreift nicht, wie man sich so dämlich anstellen kann. Schon zum x-ten Male entwirrt er die Schnur. Endlich saust der Köder durch die Luft und landet im tief dunkelgrünen Wasser. »Bueno«, brummt er diesmal.

In vielen Schleifen windet sich der Gol-Gol durch ein weites grünes Tal. Vor uns liegt der mächtige Kegel des gleichnamigen Vulkans mit seinen 2206 Metern. Plötzlich erfasst eine Strömung das Boot und treibt es ab. Rasant geht es über kleine Stromschnellen und vorbei an dicken Ästen, die gefährlich nahe aus dem Wasser ragen. Unglaublich geschickt steuert Paulo über die Klippen, bremst mit dem Ruder, und wir erreichen wieder ruhigere Gewässer. Die anderen Boote folgen uns, unermüdlich fliegen die Köder ins Wasser, doch die Forellen wollen nicht beißen. Die Profis steigen auf »Fliege« um und blicken fast mitleidig auf unsere klobigen Blinker. »Mir tut der Arm schon weh«, tönt es aus dem Nachbarboot, »und bis jetzt hängen nur Algen am Haken.« Dann ist nur noch das Surren der Angelschnüre zu hören. Wir sind kurz vor der Mündung in den Puyehue-See, und aus dem übermütigen Gol-Gol ist ein träger breiter Fluss geworden. Plötzlich zappelt etwas Schweres an meiner Angel, ein Fisch kämpft um sein Leben. Wir müssen ihn ins seichtere Wasser locken, damit die Schnur nicht reißt. Mit den Minuten wird der Fisch müder, und endlich können ihn zwei Profis herausziehen. Sechs Kilo dürfte er wiegen, und in zwei Stunden wird er auf dem Tisch stehen: pochiert mit Dill und Kartoffeln.

Berge und Vulkane

Viele Berge in den Anden tragen überhaupt keinen Namen – nur die Solitäre sind auf den Landkarten markiert. Aber im Grunde ist jeder von ihnen so gewaltig, dass er unsere Verehrung verdient hat.

Guiliano Giongo bei seiner Winterbesteigung am Cerro Torre.

BERGE UND VULKANE

Symbol des Unmöglichen

Der höchste Berg Amerikas ist der Aconcagua. Wenn man bei klarem Wetter über die Kordillere nach Santiago fliegt, ist er schon weithin sichtbar. Viele, die von den Anden sprechen, meinen damit eigentlich den Aconcagua. Er ist ein Modeberg und Eckpunkt in so mancher Bergsteigerlaufbahn. Er weckt Gelüste, weil er schon beinahe zu den Siebentausendern zählt, denen nur noch die Achttausender des Himalaya folgen. Der Aconcagua lockt auch, weil seine technischen Anforderungen nicht so hoch sind: eine Route zum Warmlaufen für erprobte Andinisten wie Miguel Purcell; einer der wenigen Südamerikaner, der die eisigen Wände des K2 in Nepal bezwungen hat. »Es ist ein Müllberg daraus geworden«, meint er, und dieses Schicksal dürfte er mit vielen anderen Bergen teilen, etwa dem Matterhorn oder Mount Everest. Zweitausend und mehr Besteigungen im Jahr lassen ihre Spuren zurück, und so mancher verliert dabei sein Leben, weil er die Höhe nicht verträgt.

Lange vor den ambitionierten Bergsteigern unserer Zeit liefen schon die Inkas in Sandalen auf den Gipfel und beteten ihren Sonnengott an, was zahlreiche Funde bezeugen. In den Annalen der Erstbesteigung steht allerdings der Name des Schweizers Matthias Zurbriggen, der im Jahr 1897 den Berg bezwang und fast im gleichen Atemzug auch noch auf den benachbarten Vulkan Tupungato mit seinen imposanten 6800 Metern Höhe stieg.

Die einfachere Route auf den Aconcagua – ohne anspruchsvolle Kletterei – führt von Norden herauf, während der Weg über die schattige und vereiste Südwand als extrem schwierig gilt. Eine Steigerung dazu ist dann noch der »Messner-Kanal«; eine schnellere, aber gefährlichere Variante, die der Südtiroler im Jahr 1974 eröffnet hat. Ganz allein hastete Reinhold Messner dort hinauf, getrieben vom »viento blanco«, dem kalten Wind der Anden, der alles zu Eis erstarren lässt. Der geeignete Zeitraum für eine Besteigung ist relativ kurz: Lediglich Mitte Januar bis Mitte Februar bietet sich an, weil in den übrigen Monaten zu viel Schnee liegt.

Natürlich hat ein solcher Berg auch allerlei Unfug zu ertragen. Ein argentinischer Mountainbiker fuhr mit dem Rad hinauf, während ein anderer einen Klapptisch nach oben trug und sich darauf stellte, um ein paar Minuten der größte Mann Amerikas zu sein.

Der Aconcagua ist also ein sicheres Geschäft für den Abenteuertourismus geworden, und im argentinischen Mendoza haben sich Dutzende von Agenturen niedergelassen, die die Bergsteiger ans Ziel ihrer Träume zu bringen versprechen. Dabei ist Mendoza eher eine Stadt, die für ihren Wein bekannt

Aconcagua, mit 6969 Metern der höchste Berg Gesamtamerikas.

BERGE UND VULKANE

ist. Doch wenn die Alpinisten kommen, dann haben sie eben nur noch den Berg im Visier.

Cerro Torre

Den Gedanken des Machbaren kann man beim Cerro Torre im südlichen Nationalpark Los Glaciares verwerfen. Hier müssen selbst die Besten aufgeben, denn die Nadel aus Stein und Eis gilt als der schwierigste Berg der Welt. Und als hätte sich die Natur gegen die Bergsteiger verbündet, zerren orkanartige Stürme, Schnee und Graupelschauer an den Nerven. Da müssen Teams oft wochenlang im Basislager ausharren, und viele von ihnen kehren um, ohne den Berg auch nur gesehen zu haben.

Seine schiere Unbezwingbarkeit hat schon immer die Gemüter der Bergsteiger bewegt. Dabei ist der Berg nur schlappe 3102 Meter hoch, doch die Pazifikstürme treffen ihn ungefiltert, und ihre feuchte Luft füttert den Eispanzer. Das brüchige Reifeis ist voller Lufttaschen, sodass man die ganze Hand hindurchstoßen, aber keine Schraube darin befestigen kann. Und der Stein ist so glatt und makellos, dass man auch hier vergeblich nach günstigen Stellen zum Einschlagen der Haken sucht.

Zweimal stand der Trentiner Cesare Maestri auf dem Gipfel. Das erste Mal, im Sommer des Jahres 1959, konnte er die Besteigung nicht beweisen, weil sein Partner Toni Egger dabei ums Leben kam. Zurück in Europa wurde seine Aussage bezweifelt – vornehmlich von jenen, die selbst über einen Versuch nicht hinausgekommen waren.

Im Winter 1970, bei seinem zweiten Versuch, bohrte er Löcher mit Hilfe eines Kompressors in den Granit, um die Haken zu befestigen. Dafür verachtete ihn die Welt der klassischen Alpinisten, aber die Erstbesteigung wurde ihm zuerkannt. Längst will Maestri, der als Bergführer in Madonna di Campiglio lebt, nichts mehr von diesem Thema wissen. Zu sehr ist seine Seele verletzt. Dabei hätten ohne seine Haken die letzten dreißig erfolgreichen Besteigungen nicht stattgefunden. Sein Weg ist inzwischen zur Normalroute geworden, während die extreme Herausforderung über die Westwand immer noch wartet …

Torres del Paine

Meist macht einem das Wetter viele Pläne zunichte. Aber wenn die Sonne mal scheint, gehört diese Landschaft zu dem Aufregendsten, was Südamerika zu bieten hat.

Der Weg ist das Ziel, heißt es auch für die Reise in den Nationalpark Torres del Paine. Schon der Blick aus dem Flugzeug inspiriert, wenn man auf die gewaltigen Massive der Torres schaut: ein Märchen in Weiß unter tiefblauem Himmel. Im weiten Bogen geht es über die Magellanstraße, und die Schaumkronen auf den Wellen zeigen an, dass einen der patagonische Alltag eingeholt hat. Ein Wind hebt an, der die Landung in Punta Arenas zu einem Abenteuer macht und einen kaum noch gerade auf den Beinen stehen lässt. Jetzt sind es nur noch fünf Stunden Autofahrt bis in den Nationalpark …

Wir fahren durch eine Weite, die bis an den Horizont reicht. Doch grenzenlos ist sie schon lange nicht mehr, sondern eingezäunt von endlosen Zäunen, an denen sich Schafwolle verfangen hat und die Reste von Plastiksäcken flattern. Die Ebenen sind die Heimat der Schafe und der braunweißen Rinder, die mit ihrem dichten Fell aussehen wie Steiff-Tiere.

Ein kurzer Tankstopp in der Hafenstadt Puerto Natales und Zeit für einen Blick über das Fjord der Letzten Hoffnung, wo die tief stehende Nachmittagssonne ihre Strahlen über das Wasser wirft. Nun ist aus der Asphaltstraße eine Schotterpiste geworden, der Staub wird in mannshohen Fahnen hochgerissen, und das Auto quält sich über Querrillen und durch tiefe Löcher. Die einzige Abwechslung sind die Hirten auf ihren Pferden, die die Rinder zusammentreiben, immer begleitet von ihren Hunden.

Dann ändert sich die Landschaft, wird bergiger und karger; unheilvolle graue Wolken schieben sich in den Vordergrund. Kaum sind wir im Nationalpark, prasseln auch schon die ersten nassen Schneeschauer nieder.

Dort, wo die Granitriesen auftauchen sollten, blickt uns eine weiße Wand aus Nebel und Schnee entgegen. Kein Kondor und kein einziger der 3000 Guanakos ist zu sehen. Von den 50 Pumas, die in diesem Gebiet leben sollen, ganz zu schweigen. Nur ein Nandu trabt erschrocken davon. Da bekommt die Sonne plötzlich ihre Chance und lässt das blaugrüne Wasser des Lago Sarmiento leuchten; dahinter erheben sich die Torres und die Cuernos del Paine. Möglichst lange möchte man diesen Blick festhalten, aber Patagonien ist launisch; die Sonne verschwindet, es fängt wieder an zu schneien.

Am nächsten Morgen machen wir unsere Wanderung zum Fuß der Torres del Paine. Eingepackt in Anoraks steigt eine Zehnergruppe in den Bus; es geht vorbei am Lago Amarga und über die Brücke des Rio Paine, die so eng ist, dass schon viele Seitenspiegel geopfert wurden. Bei der Estancia Cerro Paine beginnt die Wanderung. Vorneweg läuft Jorge, der Guide. Durchtrainiert und leichtfüßig kommt er daher, während wir eher unbeholfen durch das Gelände stapfen. Noch immer hat das Wetter kein Einsehen, die Schneeschauer sind in Dauerregen übergegangen. Schmale matschige Pfade führen durch das Flusstal des Rio Ascencio, dann beginnen die Buchenwälder, die gerade die ersten Blätter treiben. Ihr helles Grün glänzt vor Nässe. Mühsam hangeln wir uns über glitschige Baumstämme und fußbreite Brücken, geradezu fürsorglich betreut von Jorge. »Vielleicht ist das Wetter in einer Stunde besser«, meint er, um die Stimmung etwas aufzuheitern. Noch gestern hätte die Sonne geschienen. Aber uns braucht er das inzwischen gar nicht mehr zu erzählten. Denn wir wissen: So ist das eben in Patagonien.

In der Hütte des Campamento Chileno warten weitere Wanderer auf ein Ende des Regens, aber die Prognosen sind schlecht. Heute fehlt der Wind, der die Wolken wegtreiben würde. Gestern hat er uns noch geärgert, heute wären wir froh um ihn!

Langsam aber stetig zieht sich der Weg nach oben, bis man endlich vor einem großen Geröllfeld steht, dem letzten Anstieg zur Lagune, wo sich die Pracht der Torres del Paine entfalten soll. Heute bleibt es beim sportlichen Aspekt, denn der berühmte Blick auf die schneebedeckten Berge, die smaragdfarbenen Seen und das matte Grün ist im Nebel verschwunden. Nur ein paar junge Schweden sind nicht zu erschüttern und bauen ihr Zelt am Rand der Lagune auf: »Alle reden von dem grandiosen Sonnenaufgang, und wir wollen den erleben.« Hoffentlich ist ihre Geduld ausdauernd genug.

Als wolle sich der Torres del Paine bei uns für drei Tage Regen und Schnee entschuldigen, scheint auf der Rückfahrt die Sonne. Ihr Licht fällt auf das rehbraune Fell der Guanakos, die entlang der Straße weiden, und auf einmal hält der Fahrer an und deutet nach oben: Ein Kondor zieht seine Kreise – der König der Anden.

Osorno

Trägt der Cerro Torre das Etikett des Unmöglichen, so zeichnet den Osorno das Prädikat einer fast außerirdischen Schönheit aus. Auch er ist nur einer von Hunderten von Vulkanen, die im erdbebenreichen Chile stehen. Aber seine geografische Lage macht ihn einmalig: Es gibt Tage, an denen sich dieser perfekte Kegel mit seiner weißen Haube in dem grünen Wasser des Llanquihue-Sees spiegelt. Exakt 2652 Meter ist er hoch und liegt am Rande des Nationalparks Vincente Pérez Rosales, nur einen Katzensprung von Puerto Montt entfernt. Und alljährlich stürmen Touristen in Massen nach oben. Viele von ihnen würden an der Eiskappe unter dem Gipfel scheitern, aber einsatzbereite Guides ziehen ihre Kunden auch schon mal am Seil bis an die Spitze. Ein gutes Trinkgeld ist ihnen gewiss.

Licancábur

Auch der Hausberg von San Pedro de Atacama bezaubert durch seine ideale Form. Der 5916 Meter hohe Licancábur beherrscht die Szenerie, obwohl dutzende andere in seiner Nähe sind und bei manch einem eine schwache Rauchfahne entweicht.

Für den Licancábur muss man erst allerdings erst einmal nach Bolivien einreisen, was etwa eine Stunde Autofahrt bedeutet. Da sich die Bolivianer noch immer an den Salpeterkrieg erinnern, bei dem sie den Zugang zum Meer verloren, sind sie von den Chilenen wenig begeistert, und es kommt zu einem Palaver an der Grenze. Doch unser Bergführer Juan ist den Zöllnern längst bekannt, und es geht nur um ein kleines Schwätzchen an diesem gottverlassenen Schlagbaum.

Das größte Problem bei dieser Besteigung ist die Höhe, und deshalb geht man bei den Expeditionen des Hotels Explora auf Nummer Sicher: Ohne eine Woche Training in der Atacama mit täglich steigenden Anforderungen gibt es keinen Licancábur. Die Besteigung selbst ist unspektakulär, da man bis auf eine Höhe von 5000 Metern gefahren wird. Doch der Rest verlangt einem alle Kräfte ab: Es wird ein mühevoller Kampf durch schwarzen Lavasand. Das Herz schlägt bis zum Hals, und die Landschaft droht vor unseren Augen zu verschwimmen. Für den Notfall wartet immer ein Auto, denn die Höhenkrankheit kann jeden erwischen. Aber die Schinderei lohnt sich, denn der Blick reicht über die endlose Weite der Atacama und über die Puna Argentiniens. Mondlandschaften bis an den Horizont.

Die Weite

Nirgendwo ist die Natur rauer, und nirgendwo ist sie verschwenderischer als in Patagonien. Die Menschen, die dort leben, wissen die Schönheit einer solch endlosen Weite zu schätzen. Oder vielleicht auch deren Abwesenheit.

Höckerloses Wildkamel: Das Guanako, die Stammform von Lama und Alpaka, lebt in den Grassteppen Südamerikas. Links: Kanutour in den Fjorden von Puyuhuapi.

In den Alerce-Urwäldern südlich von Puerto Montt.

In Patagonien

Alles unterhalb des 42. Breitengrades gehört zu Patagonien. Dies ist ein Terrain, das fast so groß ist wie Europa, aber nur eine Million Menschen beherbergt. »Man findet dort nichts«, behauptete Jorge Luis Borges. Doch dieses Nichts einer Grasbüschelsteppe hat eine unerklärliche Faszination. Es muss an der Weite und der Einsamkeit und vielleicht auch ein bisschen an Bruce Chatwin liegen. Dessen ausdrucksstarke Reiseliteratur hat viele angelockt, die man sonst eher in Kalifornien oder Florida vermuten würde.

Was mag wohl Sylvester Stallone, Ted Turner oder den Italiener Carlo Benetton bewegt haben, sich in dieser extrem windigen Ecke der Provinz von Santa Cruz einzunisten? Es muss die Gier nach Land gewesen sein, nach hunderttausenden von Hektar eines Bodens, der außer einem Schaf nichts ernähren kann, aber dafür im Überfluss vorhanden ist.

Patagonien hat Platz, viel Platz auch für skurrile Ideen, und so mancher, der mit der Gesellschaft nicht zurecht kommt, landet hier unten. Dann muss er sich nur noch mit der Natur zurechtraufen. Und wenn das Land einfach nicht aufhören will, haben auch die Straßen eine schmerzvoll zu spürende Länge. Dann sitzt man endlose Stunden hinter dem Steuer, um sich ein paar Zentimeter auf der Landkarte zu bewegen. Etwa auf der legendären argentinischen Ruta Cuarenta, die an den Anden entlang bis nach Bolivien führt:

5000 Kilometer Schotterpiste, die mehr einer Fahrrinne ähnelt; 2400 Kilometer davon führen durch Patagonien. Das chilenische Gegenstück heißt Carretera Austral. Die Straße beginnt im tiefen Süden bei der Villa O'Higgins und endet nach immerhin 1240 Kilometern in Puerto Montt. Dort trifft sie auf die Panamericana, die erst in Alaska zu Ende ist.

Ähnlich den Highways in Alaska wurde die Carretera einfach ins Gelände geschlagen, und oftmals hat es nur zu einer schmalen Schotterpiste gereicht, die ein stabiles Auto und einen versierten Fahrer verlangt. Doch für die Strapazen wird man entschädigt, denn die Straße führt durch eine grandiose, unberührte Natur. Je weiter nach Süden, desto wilder zeigt sich die Landschaft aus Seen, Fjorden, Gletschern und Wäldern. Ehemals war dies das Terrain der Alakaluf-Indianer, die in Fjorden fischten, sowie der Ureinwohner, Tehuelche, die von der Jagd lebten.

Ungefähr in der Mitte der Carretera Austral liegt der Fleck Balmaceda, der nur aus einem modernen Flughafen und ein paar Hütten besteht. Ursprünglich landeten die Flugzeuge in Coyhaique, der Provinzhauptstadt von der Region Aisén, doch die Geografie der Stadt und das oftmals schlechte Wetter machten viele Flüge unmöglich. Da ist es in Balmaceda viel besser, auch wenn der Wind in der weiten Ebene ein leichtes Spiel hat. Hier ist Patagonien pur, die ewig weiten Flächen mit dem grün-gelben Gras, schnurgerade Straßen, bergauf und bergab. Der Wind bläst faszinierende Wolkenbilder.

Wir fahren in Richtung Norden. In dieser Region ist die Carretera Austral schon asphaltiert, hat den Charakter des Wilden schon eingebüßt, aber am Leben neben der Straße hat sich in den letzten 50 Jahre nichts geändert. Der blühende Löwenzahn überzieht die Wiesen mit einem leuchtenden Gelb, und wenn das Auge am Horizont angekommen ist, ragen die schneebedeckten Anden in den Himmel. Nur die Weiden sind übersät mit verfaulten Baumstämmen – Überbleibsel einer gewalttätigen Brandrodung im letzten Jahrhundert, um an mehr Weideland zu kommen.

Mittelpunkt der Region Aisén ist die Stadt Coyhaique, ein charmanter Ort und Treffpunkt all jener, die auf der Carretera Austral unterwegs sind. Hier wird der Proviant gekauft, wird

Dampfbad zwischen uralten Bäumen.

getankt, gibt es nette Hotels und Restaurants. Eine wirkliche Besonderheit dort ist die fünfeckige Plaza mit dem Restaurant Ricer, das im oberen Stock viel Atmosphäre bietet. An den Wänden hängen alte Fotos aus der Pionierzeit, das heißt in Coyhaique aus den Jahren um 1940; zuvor lebte hier kein Mensch. Auf großen Platten werden frisch gebackene Empanadas mit Käse- und Fleischfüllung serviert. Dazu ein Glas Rotwein, und gleich lockert sich die Stimmung.

Nach Coyhaique führt die Carretera Austral durch die verwunschene Flusslandschaft des Rio Simpson, die unter Naturschutz steht. Wir bewundern das harmonische Zusammenspiel aus Fluss, Wasserfällen wie die Cascada de la Virgen, Wiesen und grünen Bergen. Nach einer Stunde sind wir im Hafen von Puerto Chacabuco angelangt, wo ein Katamaran wartet, der uns nach Puyuhuapí bringt. Aus dem kleinen Hafen ist ein wichtiger Exportplatz für Lachs geworden, der hier im großen Stil gezüchtet wird. Überall sieht man die Käfige im Wasser liegen, markiert mit kleinen Bojen.

Nun geht es vorbei an den zahllosen einsamen Buchten, nur gelegentlich sieht man ein kleines Fischerdorf wie Puerto Aguirre, deren Bevölkerung immer geringer wird, weil es keine Arbeit gibt – außer man kommt in der Fischzucht unter.

Auf unserem weiteren Weg sehen wir dann nur mehr Wälder und Wasser, bis wir den Queulat-Nationalpark erreichen. Endlich macht der Katamaran eine Kurve, und vor uns liegt die Hotelanlage von Termas de Puyuhuapí.

Termas de Puyuhuapi

Anfang der Neunzigerjahre des 20. Jahrhunderts entdeckten Christine Kossmann und ihr Vater Eberhard diesen Flecken mit seinen heißen Quellen: »Ein Segeltörn brachte uns zufällig in die Bucht von Bahia Dorita, und es war Liebe auf den ersten Blick.«

Aus einem klapprigen Hotel ist das Ressort Termas de Puyuhuapi entstanden, einen Steinwurf von der Carretera Austral entfernt. Die Kossmanns haben die Architektur ihres Hotels den typischen Pfahlbauten der Insel Chiloé nachempfunden, um die imposante Natur möglichst wenig zu beeinträchtigen. Und ganz in der Landschaft aufzugehen, bedeutet hier, sich in das dampfende Wasser zu setzen, das der Boden ausspuckt.

In der nächtlichen Kühle liegen zarte Nebelschwaden über den Erdlöchern: eingerahmt von Farnen, deren lange Arme ins Wasser hängen, und darüber ist nur noch der Nachthimmel Patagoniens, wo die Milchstraße das ganze Firmament überzieht und es scheint, als könne man die Sterne einzeln mit den Händen herunterziehen. Doch eine Viertelstunde in dem vierzig Grad warmen Wasser ist völlig ausreichend, denn nun überkommt einen eine große Müdigkeit, und der einzige Gedanke gilt nur noch dem Schlaf.

Am frühen Morgen lassen sich die schwarz-weißen Killerwale in der Bucht beobachten. Bei jedem Auftauchen blasen sie ihren Atem in die kalte Luft, und für Sekunden schweben kleine Nebelfetzen über dem Wasser. Ein kleiner Seelöwe wirft übermütig Reste eines Lachses nach oben. Laut fluchend eilt ein Fischer herbei und holt das leer gefressene Netz ein.

Alerce Mountain Lodge

Es gibt für alles eine Steigerung im Leben, und für mich gehört jene Schotterpiste dazu, die zur Alerce Mountain Lodge führt. Das sind zwölf Kilometer, in denen einem der Magen bis zur Gurgel rutscht und der Kopf zu vibrieren beginnt, wenn der Jeep sich über die Bodenwellen robbt und durch knietiefen Matsch wühlt.

Fast noch im Dunstkreis von Puerto Montt liegt die Alerce Mountain Lodge. Wir verlassen die Stadt in südlicher Richtung auf der Carretera Austral, die zunächst an der Bucht von Reloncavi entlang führt. Noch sind die Strände verlassen, obwohl der nächste Ort Pelluco eigentlich als Sommerfrische von Puerto Montt gilt. Aber Mitte November ist es noch zu früh, um in dem ohnehin kalten Meer zu baden. An dieser Küste lebt die Boheme; der Ort ist be-

Alerce Mountain Lodge.

kannt für seine Nachtlokale und Restaurants. Sehnsüchtig schaue ich hinauf zum Cotelé, wo es die besten Steaks im Süden Chiles geben soll. Ernüchternd ist dagegen der Anblick brauner Algen, die entlang der Straße zum Trocknen ausgebreitet wurden: »Das ist für den Export nach Japan«, sagt Garry, der mich in Puerto Montt abholt. Am Strand sammeln Algenfischer das glitschige Zeug ein und laden es auf zweirädrige Ochsenkarren.

Bei Lenca geht es hinauf in den Parque Los Alerces, und nach einem Gatter beginnt jene so berühmt-berüchtigte Schotterpiste. Auf gut 1200 Meter windet sich der Weg nach oben bis zu den schmucken Holzhäusern der Alerce Mountain Lodge. Im Jahr 1995 kaufte ein Unternehmer aus Puerto Montt diese 2000 Hektar von einer kanadischen Holzfirma, die das Interesse am Wald verlor, weil die Bäume der Alerce geschützt sind und das Herausziehen der mächtigen alten Stämme zu mühsam ist. So entstand ein einsames Paradies, in dem Garry aus Leeds und Sabina aus Barcelona seit einem Jahr arbeiten. Sie kümmern sich um die Lodge, um die Gäste und die Ausflüge. Außerdem gibt es noch den Koch Jaoquin und den Kellner Jorge, dessen Pisco-Sour unübertrefflich ist.

Auf der Lodge gibt es weder Telefon noch Internet. Der Strom wird von einem Generator erzeugt und von elf Uhr abends bis acht Uhr morgens ausgeschaltet. Wenn Garry verschläft, kann es auch länger dauern. Dafür gibt es in jedem Zimmer eine Kerze.

Die Anlage besteht aus einem Haupthaus mit Restaurant und Zimmern, einem Quincho, einer Art Hütte ohne Fenster, wo das Asado gegrillt wird, und aus drei Cabañas, die durch Holzstege miteinander verbunden sind. Oft regnet es in dieser Gegend wochenlang wie aus Eimern.

Der Natur gefällt es. Im November trägt der Feuerbusch seine steilen roten Blüten; ebenfalls rot blüht die Coicopihue, deren Saison schon bald wieder vorbei ist.

Herbst in Patagonien.

Doch das Imposanteste sind die Bäume der Alerce, gewaltig in Dicke, Höhe und Alter. Ihre Stämme können Durchmesser von vier Metern erreichen, werden bis zu 45 Meter hoch und 3000 bis 4000 Jahre alt. Und weil sie nur einen Millimeter in drei Jahren wachsen, ist ihr Holz extrem wertvoll. Früher baute man Häuser, Dächer, Kirchen und Schiffe aus Alerce und entwaldete dafür große Teile des südlichen Chiles. Wenn der Baum dagegen auf natürliche Weise stirbt, fault er von innen heraus und fällt irgendwann um. Genau so sieht es rund um die Lodge aus: ein Chaos aus liegenden Stämmen, in dessen Moderwerk sich schon wieder neue Bäumchen entwickeln, viele von der Art der Scheinbuchen, die hier als Lenga, Coigüe, und Ñirre gedeihen. Daneben stehen der Zimtbaum (Canelo), der Lorbeer, die Ulmen und Eichen. Kein Fleckchen Erde, wo nicht etwas wachsen würde, zumindest Moose und Flechten.

Noch vor zwei Jahrzehnten arbeiteten hier 500 Männer, und 120 Paar Ochsen zogen Stämme aus dem Unterholz. Davon zeugen noch die breiten Holzplanken, die den Tieren Halt geben sollten, wenn die Wege mal wieder im Match versunken waren. Dort, wo heute die Lodge steht, war damals eine Dampfmaschine, die das Sägewerk antrieb. Dieser Dampfkessel steht nun im Restaurant und soll für die nötige Wärme sorgen. Aber offenbar ist es ein bockiges Gerät, denn Garry kniet davor, das Gesicht mit Ruß verschmiert, und versucht, die Holzscheite zum Brennen zu bringen. Nur: Nasse Alerce brennt nicht, qualmt bestenfalls. Die Natur demonstriert wieder einmal ihre Grenzen und stellt seine Geduld auf eine harte Probe. Blond, hellhäutig und schmal wirkt er eigentlich nicht wie der geborene Abenteurer. Aber seine Liebe zu Südamerika brachte ihn von England hierher. Zuletzt arbeitete er in Brasilien und Argentinien als Englischlehrer. Doch seinen Schülern mangelte es an Ehrgeiz. Da kam ihm das Angebot aus Puerto Montt gerade recht. »Ein Jahr will ich noch aushalten«, meint er. »Aber dann ist es genug mit der Einsamkeit hier oben.« Sabina nickt; manchmal fehlt auch ihr der Rummel von Barcelona. Aber wie sagt ein Sprichwort: Wer einmal von den Beeren des Calafate-Strauches genascht hat, kommt zurück. Ob sie das getan haben, bleibt ihr Geheimnis.

Das Eis

Zwischen Argentinien und Chile breitet sich das drittgrößte Eisfeld der Erde aus – nur die Antarktis und Grönland sind mächtiger. So gewaltig und unwirtlich ist es, dass bis heute noch kein exakter Grenzverlauf zwischen den beiden Ländern existiert.

Tausend Jahre altes Eis am Lago Argentino.

WHISKY ON THE ROCKS

Fast mit Pantoffeln kann man den weltberühmten Perito Moreno erreichen, denn von der »Hauptstadt der Gletscher« El Calafatees sind es nur zwei Stunden Busfahrt dorthin. Dann tippelt man, als einer von fast 100 000 Menschen im Jahr, auf geebneten Wegen durch einen lichten Wald zum Schauspiel der abbrechenden Eismassen.

Eine Inszenierung allerdings ist nur den Glücklichsten unter uns vergönnt: Wenn der Eisstrom so stark wächst, dass er den südlichen Arm des Lago Argentino abriegelte, staut sich das Wasser über Wochen hinweg bis zu einer Höhe von 20 Metern – bis die Barriere bricht und sich in einem Inferno aus Geröll, Wasser und Eis in den übrigen See ergießt. Es soll schon Fernsehteams gegeben haben, die wochenlang auf dieses Naturereignis gewartet haben, und als sie dann entmutigt zum Flughafen fuhren, gab die Mauer nach! Heute aber – man führt es auf die Erderwärmung zurück – reichen die Eismassen nur mehr selten für eine solches Schauspiel.

Doch nicht jeder Gletscher ist so einfach zu erreichen wie der Perito Moreno. Für den San Rafael auf der chilenischen Seite muss man zum Beispiel deutlich mehr Zeit einplanen.

In der Laguna San Rafael

Auf in den Süden, zu den Eisfeldern des Campo de Hielo Norte und ihrer gewaltigen Lagune San Rafael. Doch der Weg zu einer der größten Naturschönheiten Chiles fordert Ausdauer, denn die Reise in einem Katamaran dauert gut fünf Stunden. Schnell verschwinden die Hafenmauern von Puerto Chacabuco, dann beginnt mit der Stille das Erlebnis Natur. Das Schiff gleitet vorbei an endlosen Wäldern, die noch nie von einem Menschen betreten wurden und deren Silhouette sich im Wasser spiegelt. Es scheint ein Glückstag zu sein, denn Regen und Wind fehlen, die auch eine Reise in den Fjorden sehr ungemütlich werden lassen können. Doch so kann man die Landschaft Patagoniens an Deck genießen; an geschützten Ecken reicht es sogar für ein Sonnenbad. Die Harmonie aus Grün und Blau macht einen fast schläfrig.

Plötzlich wird es merklich kälter, und durch eine enge Passage nähern wir uns langsam den Eisfeldern des Campo de Hielo Norte. Schon schwimmen ungezählte Eisbrocken vorbei, und längst ist die Farbe des Wassers nicht mehr blaugrün, sondern hat sich in ein schmutziges Grau gewandelt, weil die abbrechenden Ungetüme auch die Felsen abschmirgeln.

Gewaltige Gletschermassen wälzen sich vom 4000 Meter hohen Cerro San Valentin heinunter in die Laguna San Rafael. Über eine Länge von 40 Kilometern schiebt sich das Eis heran, und fällt dann von 50 Metern Höhe donnernd und krachend ins Wasser. Ständig brechen neue Eisbrocken ab und knallen in die Lagune, verschwinden gurgelnd in der Tiefe und erzeugen mächtige Wogen. Meterhoch spritzt die Gischt nach oben und gibt ein eindrückliches Beispiel von der Urkraft der Natur.

Nur mit großer Vorsicht nähert sich der Katamaran diesem Schauspiel, denn unaufhörlich krachen die treibenden Eisschollen gegen den Rumpf und hin-

terlassen ein erschreckend dumpfes Geräusch. Um der Konkurrenz die Stirn zu bieten, die mit schweren Schiffen ihre Gäste wesentlich näher an den Gletscher bringen können, werden wir in Zodiacs verfrachtet. Dick eingepackt in orangefarbene Schwimmwesten, klettern wir in das wackelige Schlauchboot und paddeln in den Dunstkreis des Ungetüms. Das Manövrieren verlangt viel Geschick, da viele Eisbrocken den Weg versperren. Doch nun kann man die Gebilde aus gefrorenem Wasser ganz aus der Nähe betrachten – Skulpturen in transparentem Blau, sobald ein Sonnenstrahl auf sie fällt. Und plötzlich erfüllt ein Tosen die Luft, sausen Tonnen von Eis in die Lagune, und das voll be-

setzte Schlauchboot schwankt bedrohlich. Auf der Rückfahrt denkt unser Guide noch an das Eis für den Whisky, ein Souvenir von San Rafael. Und mittlerweile würde ein wärmender Schluck recht gut tun, denn die Kälte beißt durch die Anoraks, und der Anblick des Eiswassers verstärkt das Unwirtliche des Ortes nur noch.

Am Nachmittag traut sich dann endlich die Sonne heraus. Die Eismassen erstrahlen in einem hellen Blau; die Farbe intensiviert noch die Atmosphäre der großen Kälte. Seit 20 000 Jahren gleitet dieser drei Kilometer breite Gletscher in den Fjord der Andenkordillere. Doch der eisige Gigant befindet sich bereits auf dem Rückzug – an den seitlichen Felsen kann man die Markierungen mit den Jahreszahlen erkennen. Von Jahr zu Jahr schmilzt er schneller, und die Vegetation ist auf dem Vormarsch. Auf dem Katamaran beginnt die Stunde des Apéritifs und wir trinken Whisky on the rocks – mit dem Gletschereis aus der Laguna San Rafael.

Dreimal Eis: Lago Grey, Laguna San Rafael, Gletscher Perito Moreno.

DAS EIS

Die Inseln

Schon mit ihren Namen scheinen sie den Pioniergeist gepachtet zu haben. Sie alle verkörpern ein Stück Erde in ihrer Ursprünglichkeit, wie sie nur mehr selten zu finden ist. Und das Geheimnis ihrer Bewahrung ist ganz einfach: zu kalt, zu windig, zu einsam.

Kontraste: Ob dieser Antarktis-Pinguin von den Palmen der Osterinsel träumt?

Die Halbinsel Valdés:
ein Paradies für See-Elefanten.

SELTENE KLEINODE

„Las Malvinas son argentinas" – in jede bessere Demonstration in Buenos Aires gehört dieses Plakat, denn die verlorene Schlacht um zwei windverblasene Inseln im Atlantik hat die argentinische Seele tief getroffen. Noch immer beklagt man den Gesichtsverlust, obwohl das Scharmützel schon 20 Jahre her ist und der damaligen Militärregierung um General Galtieri den Kopf gekostet hat, womit eine Periode des Schreckens und des Terrors in Argentinien zu Ende gegangen ist. Auch auf den Falklandinseln waren tausend Tote zu beklagen, die meisten von ihnen Argentinier.

DIE FALKLAND-INSELN

Auslöser war der Versuch von Buenos Aires, durch Erfolg in der Außenpolitik die Wirtschaft wieder anzukurbeln. Im Jahr 1982 besetzten die Argentinier die Falklandinseln, die unter dem Schutz Englands standen. Doch Galtieri hatte wohl nicht mit der Entschlossenheit von »Lady T«, Margaret Thatcher gerechnet, die kurzerhand ihre Elitetruppe in den südlichen Atlantik schickte. Und plötzlich herrschte Kriegsgetümmel, wo sonst nur Schafe weiden. Die Argentinier konnten wenig gegen die Task Force der Briten ausrichten, und innerhalb knapp fünf Wochen wurde das Rad der Weltgeschichte wieder zurückgedreht. Nun hissen die Falkländer erneut den Union Jack. Geblieben sind ihnen rund 30 000 Landminen, vergessene Geschütze und viele Episoden.

Etwa 2800 Menschen leben in einem Archipel von 40 Inseln, die meisten in der Hauptstadt Port Stanley. Es ist eine Inselwelt, die an die kargen Seiten Schottlands erinnert; nur ist das Wetter hier noch viel unberechenbarer. Der heftige Wind sorgt für einen ständigen Wechsel, und die Temperaturen halten sich an ein Mindestmaß. Dazwischen das Schreien der Magellan-Gänse, das Kreischen der Möwen und das Blöken der Schafe. Von letzteren soll es über eine halbe Million hier geben; man nannte die Insel deshalb auch schon den »Schafstall der Nation«. Ihre Wolle hat die Bewohner lange Zeit ernährt, aber das ist jetzt Vergangenheit.

Heute verdienen die Kelper – benannt nach dem Kelp, den gelbbraunen Algen – ihr Geld auf mühelosere Weise und erreichen damit das höchste Pro-Kopf-Einkommen der Welt: Sie machen sich ihre geografische Lage inmitten von Gewässern voller Tintenfische und anderer Edelfische zunutze und verkaufen – bevor sie sich selbst beim Angeln den Hintern abfrieren – Lizenzen an all jene, die diese Köstlichkeiten lieben und gut bezahlen. Nach dem Krieg boten die Insulaner den verschreckten Argentiniern gleich eine 200-Seemeilenzone rund um ihre Inselwelt und kassieren dafür einen jährlichen Scheck von 32 Millionen Pfund.

Womit wir beim nächsten Thema wären. Denn so britisch sind die Falkland-Inseln, dass selbst hier am Ende der Welt mit Pfund bezahlt wird. Und auch vieles andere haben sie sich von ihrer Mutterinsel abgeschaut: Acht Pubs gibt es, in denen fleißig getrunken und manchmal auch geschlägert wird. Es gibt ja sonst nichts. Kein Kino und keine Videothek, nur Fernsehen mit dem einzigen Kanal des britischen Militärs, und da nimmt der Wetterbericht den größten Teil der Sendezeit ein.

Wer dieses Stückchen Einsamkeit entdeckt hat, weiß man nicht so genau. Neben einem Spanier und einem englischen Piraten haben sich die Historiker auf den Holländer Sebalt de Weert geeinigt, der um das Jahr 1600 hier angedockt haben soll. Fast ein Jahrhundert später kam mit den ersten Europäern ein Engländer, der dem Sund zwischen

Tierwelt am südlichen Ende der Welt: junger Albatros, Zügelpinguin, Adelinpinguin.

den beiden Hauptinseln den Namen seines Befehlshabers gab: Viscount Falkland. Bald danach entdeckten die Franzosen diese Insel und tauften sie »Iles Malousines« – nach Saint-Malo, dem Heimathafen der Matrosen –, was die Spanier später zu »Las Malvinas« ummodelten.

So gehörte der Archipel zunächst zu Frankreich, bevor er an Spanien verkauft wurde. Inzwischen hatten auch die Briten Fuß darauf gesetzt, gaben 1774 diese Basis aber wieder auf, ohne allerdings auf ihre Ansprüche zu verzichten. Nach der Unabhängigkeit Südamerikas fielen sie schließlich Argentinien zu, bis im Jahr 1833 die Engländer abermals den Union Jack hissen ließen.

Diese Geschichte ist ein Dorn im Auge jedes Argentiniers, aber einen weiteren Krieg ist es ihnen – Gott sei Dank – nicht wert. Trotzdem – noch gibt es weder einen Direktflug noch eine Schiffspassage von Argentinien. Da muss man schon vom Flughafen im chilenischen Punta Arenas oder von der Hauptstadt Santiago aus starten. Europäer können allenfalls auf einen Klappsitz in der Militärmaschine hoffen, die vom Airbase in Brize Norton abfliegt. Den Falkländern jedenfalls gefällt diese Situation, und bei jedem Besucher wird aufs Schärfste kontrolliert, ob auch sein Rückflugticket bezahlt ist.

DAS EISIGE ENDE DER WELT

Etwas dichter als Argentinien liegt Chile an der Antarktis – nur etwa 400 Seemeilen trennen die Diego-Ramirez-Inseln von dem antarktischen Südshetland-Archipel, der wie ein gebogener Schwanz am eigentlichen Kontinent hängt. Um diese Halbinsel balgen sich viele Länder, denn sie ist der Zugang zu den überreichen Bodenschätzen, die unter dem Eis verborgen sind. Der Antarktisvertrag von 1959 soll die friedliche Nutzung des eisigen Erdteils garantieren. Dabei überschneiden sich allerdings die Tortenstücke, die sich Chile und Argentinien aus dem Kontinent herausgeschnitten haben.

Einen geschichtlichen Anspruch erhebt Chile auf den eisigen Kontinent, denn auf seinem Terrain lebte einst ein Konquistador, der im Namen der spanischen Krone über alle neuen Gebiete südlich der Magellanstraße wachen sollte. Karl V., spanischer König und deutscher Kaiser, hatte offensichtlich eine Nase für lohnende Objekte …

Eine Reise in die Antarktis habe ich mir doch etwas anders vorgestellt. Zu viele Bilder im Kopf von Scott und Amundsen, von Hunger und Kälte. Aber eine Kreuzfahrt muss wohl mit Tee und Kuchen beginnen. Jedenfalls liegt das Durchschnittsalter der Passagiere an Bord der Vistamar sicher über 50 Jahre. Die Dame an der Rezeption beschwert sich, es sei zu kalt an Deck. Im Reisebüro habe man ihr gesagt, T-Shirt und Pullover würden für die Kreuzfahrt genügen, schließlich sei Sommer auf der südlichen Halbkugel. Die wenigsten scheinen zu wissen, wohin unsere Reise wirklich geht.

Fritz, ein Professor und Biologe aus Salzburg, weiß es. Er war schon einmal mit einem Kreuzfahrtschiff in der Antarktis. »Weil es die einzige Art ist, als normaler Reisender den sechsten Kontinent zu besuchen und etwas Besonderes zu erleben«, sagt er.

Das Besondere lässt nicht lange auf sich warten. Nach Kap Horn, dem südlichsten Punkt des amerikanischen Kontinents, kommt die Drake Passage. Hier treffen Atlantik und Pazifik auf-

DIE INSELN

einander: Vorbei ist es mit der Kreuzfahrtstimmung und der großen Völlerei an Bord – in den nächsten Tagen, bei Seestärke neun bis zwölf, bekommt man kaum einen Passagier zu sehen. Nach drei Tagen beruhigt sich die stürmische See. Gewaltig wie eine Mauer taucht der erste Eisberg aus dem Nichts auf. Aber unten, im Bauch des Schiffes, sind die Vorhänge zugezogen und auch die mitfahrenden Künstler und deren Zuschauer wollen nicht von Walen oder Eisbergen gestört werden.

Langsam bahnt sich die Vistamar einen Weg durch den Lemaire-Kanal, zwischen Eisbergen und riesigen Gletschern hindurch, die ins Meer hinein kalben. Der antarktische Kontinent, die Endstation jeglichen Fernwehs, ist erreicht. Mit 14 Millionen Quadratkilometern ist er eineinhalbmal so groß wie Europa. Er ist der kälteste, windigste, trockenste und mit durchschnittlich 1830 Meter auch der höchste aller Erdteile. Einundneunzig Prozent sämtlichen Eises der Erde sind hier versammelt, 75 Prozent des Süßwassers ist hier gespeichert. Bis zu 90 Minusgrade wurden schon gemessen, und Windgeschwindigkeiten von 320 Stundenkilometern. Aber wir haben Glück: Bei leichtem Schneefall und milden minus acht Grad landen unsere Schlauchboote in der Nähe der argentinischen Forschungsstation Almirante Brown. Dreihundert Passagiere in roten Jacken marschieren etwas hilflos, wie Pinguine in Folge, aufs antarktische Festland.

Die meisten zieht es sofort zu der roten Hütte der argentinischen Station. Dort wartet man schon auf die Touristen und verkauft ihnen Souvenirs.

Antarktische Halbinsel: Wal-Skelett, von Jacques Cousteau zusammengetragen

Aushängeschild der Osterinsel: Moais.

Der nächste Landgang ist auf Deception Island, einer Vulkaninsel, die zu den Süd-Shetland-Inseln gehört. Schon bei der Einfahrt in den Port Foster, einen Kratersee, sehen wir tausende von Pinguinen. Die britische Walfangstation ist eine vermoderte und verrottete Welt. Hier holt sich die Natur zurück, was man ihr genommen hat. Die Holzbaracken sind zum Teil schon zusammengefallen, in den windschiefen Regalen der Speisekammer stehen Konservendosen, das Etikett zersetzt, das Metall angerostet. In der Bibliothek faulen die Bestände vor sich hin, neben einem Flugzeugwrack döst ein Seebär im schwarzen Lavasand.

Eine ganz andere Landschaft bietet sich auf Half Moon: weiße, mit Eis und Schnee bedeckte Berge, klares und tiefblaues Wasser in den vielen Seitenarmen der Bucht. Seebären spielen im Wasser, Krabbenfresserrobben sonnen sich auf einem Schneefeld. Die Eselpinguine entpuppen sich als »Schweinchen der Antarktis«. Da sie mit ihren Jungen so dicht gedrängt in Kolonien leben, sind sie von oben bis unten mit rötlichem Kot verschmiert. Die Tiere sind überhaupt nicht scheu. Auch die Passagiere der Vistamar verhalten sich sehr diszipliniert: auf der einen Seite die Pinguine, auf der anderen die Rotjacken. Wer bewundert hier wen?

In der Nähe der polnischen Station Arctowski auf King George Island liegt in einer geschützten Mulde ein ganzes Rudel See-Elefanten. Rülpsend und mit sichtlichem Wohlbefinden suhlen sie sich in ihren eigenen Exkrementen. Eine Pinguinmutter, die ihr Junges zum Baden hinunter ans Wasser führt, bahnt sich schimpfend und furchtlos einen Weg durch eine Gruppe von Touristen: Antarktis wie im Bilderbuch.

Der letzte Landgang führt uns zur brasilianischen Station Comandante Ferraz. Auf der Station wird eifrig gearbeitet. Die Brasilianer bauen hier ein Zentrum für Meeresforschung. Nur einen halben Kilometer von der Containersiedlung entfernt liegt ein 25 Meter langes Walskelett; zusammengetragen hat es der französische Meeresforscher Jacques Cousteau. Oben, auf einem kleinen Hügel: einige Gräber, Steinhaufen mit einfachen Holzkreuzen. Das jüngste Grab ist vom Juli 1990.

Die Landgänge auf einer Antarktiskreuzfahrt sind leider immer viel zu kurz, und garantieren kann man sie nie, denn oft versperrt einem das Treibeis den Zugang zum Festland. Wir hatten also großes Glück. Für viele Passagiere jedoch scheinen die Eisskulpturen auf dem Mitternachtsbüffet ohnehin viel wichtiger zu sein als die Eisberge dort draußen in der Natur.

Rapa Nui – Insel der steinernen Männer

Auch die Osterinsel ist kein Südseetraum. Es gibt mal gerade zwei Sandstrände, wo die Wellen des Pazifik schaumbedeckt gegen die Lavafelsen schlagen. Oft weht ein kühler Wind, es riecht nach Erde und nach den halbwilden Pferden, die bei den Jugendlichen herhalten müssen, wenn das Geld zum Moped nicht reicht. Knapp 3000 Menschen leben auf der Osterinsel, die in der Sprache der Einheimischen Rapa Nui heißt, und sie wohnen fast alle in dem einzigen Ort Hanga Roa. Man lebt von den Fremden und den Subventionen vom Festland. Und manch einer, der als Tourist kam, ist gleich geblieben, weil die Frauen hier so schön und so anschmiegsam seien, heißt es. Wie der Schweizer Georg, der sich hier verliebte und nun als Guide arbeitet. Doch nach vier Jahren ist er aller Illusionen ledig und braucht nur noch das Geld für den Rückflug. »Du kommst nicht in die Gesellschaft rein«, klagt er. Er ist zwar mit einer Insulanerin verheiratet, aber alle Entscheidungen werden vom Clan getroffen: »In der Inselsprache Rapa Nui, die ich nicht verstehe.«

Drei Moais aus Pappmaché liegen vergessen im Garten des Hotels Otai. Es sind die letzten Relikte einer turbulenten Zeit, als der amerikanische Regisseur Kevin Kostner im Jahr 1993 sein Ethno-Epos Rapa Nui drehte. Ein Jahr lang bestimmte Hollywood den Rhythmus auf der Osterinsel. Mit Glamour und herzzerreißenden Szenen wollte man die Geschichte dieser Stein-

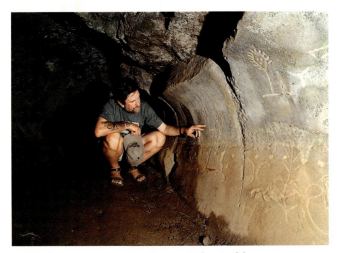

Felszeichnungen in der Ana-o-Keke-Höhle.

riesen in alle Welt verbreiten. Doch als würden sich die geheimnisvollen Statuen jedem Streben nach Publizität versperren, wurde der Film ein gigantischer Flop. Aber auf Rapa Nui ist nach einem kurzen Dollarsegen wieder der alte Trott eingekehrt.

Auch die Moais blicken unverwandt ins Landesinnere, versperren mit ihren breiten Rücken den Blick auf den Stillen Ozean, als seien sie sich ihrer Wichtigkeit bewusst. Denn ohne sie würde sich kaum jemand um diesen Flecken Erde kümmern, der völlig isoliert inmitten des Pazifik liegt, fast 4000 Kilometer vom Festland entfernt.

Entdeckt wurde diese Laune eines unterirdischen Vulkanausbruchs an einem Ostersonntag, dem 6. April 1722, von dem Mecklenburger Jacob Roggeveen, der unter holländischer Fahne durch den Pazifik segelte. Er berichtete zum ersten Mal von jenen imposanten Steinfiguren und wunderte sich zu Recht, wie es möglich war, sie aufzustellen, zumal diese Insel schon damals kaum Bäume hatte. Knapp 50 Jahre später kam der spanische Kommandant Felipe Gonzales vorbei, ließ die Insel vermessen und requirierte sie als Besitz seines Vaterlandes. Kurz danach notierte auch der berühmte englische Seefahrer James Cook, der wegen ausgebrochenen Skorbuts vor Rapa Nui ankerte, dass etliche der gewaltigen Steinkolosse umgefallen waren. Erstaunt musste er jedoch feststellen, dass die Menschen gar keine Beziehung zu diesen Figuren zu haben schienen. Ihre Geschichte war ihnen offensichtlich verloren gegangen. Dann stellte sich heraus, dass bereits Mitte des letzten Jahrhunderts keiner der Moais mehr auf seiner Plattform Ahu stand, was weitere Rätsel aufgab – Nährstoff für viele neue Geschichten. Dabei ist es dann auch geblieben, denn die steinernen Figuren haben nichts von ihrem Geheimnis preisgegeben.

Inmitten einer hügeligen Landschaft mit dürren Halmen liegen oder stehen die Moais, manche tragen Hüte und haben Augen aus Korallen, die als leuchtende Punkte das braun-gelbe Tuffgestein der massigen Körper überstrahlen. Doch sie alle polarisieren ihre Betrachter: Man ist ihrer Faszination entweder für immer erlegen oder kann den Tag des Abflugs kaum erwarten.

Rund 900 dieser Skulpturen soll es hier geben; sie beherrschen die Küste durch ihre Größe und Ausstrahlung oder liegen herum, vermoost, halb eingegraben, von Gras überwachsen. Keine Figur gleicht der anderen, mit ihren leicht gerundeten Bäuchen, die Arme fest an die Seiten gedrückt und die eigenartig langgliedrigen Finger unter den Bauch gelegt.

Geradezu ehrfürchtig nähert man sich den Kolossen, die gut 200 Tonnen wiegen können und deren größter rund 20 Meter hoch ist.

Die Einheimischen zeigen dagegen erstaunlich wenig Interesse, reagieren auf die endlosen Fragen aber mit wohlgefälligen Antworten. Warum sollten sie auch die weit gereisten Besucher in ihrer Erwartung enttäuschen? Wo mit diesem Mysterium doch schnell ein paar Dollar verdient sind.

Wie damals als Statist beim Film von Kevin Kostner oder als Helfer bei der Aufstell-Aktion der Japaner: Letztere hatten die umgestürzten Moais im Fernsehen gesehen und wollten – als weltweit größter Kran-Hersteller – 1992 jenes Gerät daran erproben, das 50 Tonnen auf eine Höhe von 34 Meter hieven konnte. Für dieses spektakuläre Projekt wurde Tongariki ausgesucht, das bedeutendste Kulturdenkmal Polynesiens, weil dort relativ viele Moais zu finden waren: Knapp vierhundert dieser Kolosse markieren hier einen Weg zu dem Steinbruch an der Südwestflan-

Wildpferde im Rano-Raraku-Krater.

ke des Rano-Raraku-Vulkans, etwa einen Kilometer von Tongariki entfernt. Er diente einst als Atelier für die Moais, die aus dem Lava-Tuffgestein herausgemeißelt wurden. Als wären die Künstler nur für kurze Zeit abwesend, sind manche Figuren lediglich halb heraus gearbeitet; ihre Rücken noch fest mit dem Gestein verbunden, liegen sie quer durcheinander. Und niemand kann sich genau erklären, wie sie dann an die Küste gebracht wurden.

Geheimnisse, denen auch Thor Heyerdahl kaum näher gekommen ist. Mitte der Fünfzigerjahre des 20. Jahrhunderts ließ der Norweger als Erster einen Moai am Strand von Anakena wieder aufstellen, um zu zeigen, wie es gewesen sein könnte.

Zwölf Insulaner brauchten 18 Tage, um eine Statue von 25 Tonnen Gewicht aufzurichten. Schicht für Schicht wurden Steine untergeschoben, um die nötige Höhe zu gewinnen. Ob dabei Baumstämme als Holzkeile oder zum Transport verwendet wurden, kann niemand sagen, denn auf der Osterinsel gibt es längst keinen Wald mehr. Der heutige Palmenhain stammt vom chilenischen Festland.

Heyerdahls Segeltour mit dem Binsenfloß der Kon Tiki, mit der er beweisen wollte, dass die ersten Bewohner von Rapa Nui aus Peru kamen, wurde weltberühmt. Doch er wusste bald um seinen Irrtum und leugnete dies vielleicht nur, weil es dem Verkauf seiner Bücher geschadet hätte.

Viele Zeugnisse der Ethnologie deuten zur Inselwelt der Marquesas. Von dort sollen vor 1500 Jahren die ersten Siedler nach Rapa Nui gelangt sein. Auch die Sprache der Osterinsel zeigt eine deutliche Anlehnung an das Poly-

Alltagsleben in Hanga-Roa, dem einzigen Ort auf der Osterinsel.

nesische. Die Einheimischen dagegen sehen ihre Ursprünge im legendären König Hotu Matua, der mit seinen Leuten in höchst primitiven Booten von den Austral-Inseln zu diesem einsamen Eiland gesegelt sein soll – eine Leistung, die selbst das Können eines Columbus in den Schatten stellen würde.

Auf jeden Fall lebten die Menschen in Stämmen unter der Leitung eines Häuptlings zusammen, wurden Bauer, Fischer, Handwerker oder Priester. In dieser Periode entstanden höchstwahrscheinlich auch die Moais als Ebenbilder von Häuptlingen oder Priester, als Zeichen der Macht eines Stammes. Sie schirmten das Dorf ab und drehten ihren Rücken dem Meer zu, weil von dort das Böse abhalten sollten.

Warum diese Kultur untergegangen ist, liegt weiterhin im Dunkeln. Vielleicht ist dies einem Erdbeben zuzuschreiben oder einem Krieg unter den Stämmen, der auch die Kulturgüter zerstört haben könnte.

Man erzählt sich zum Beispiel vom Kampf der dominanten Langohren ge-

gen das Arbeitervolk der Kurzohren. Letztere sollen gewonnen und dann aus Rache gegen die jahrelange Unterdrückung die Moais umgeworfen haben. Aber das sind Vermutungen, deren Richtigkeit bis heute niemand wirklich beurteilen kann. Zwar hat man längliche Holztafeln in Rongo-Rongo-Schrift gefunden, doch entziffern kann sie niemand. Vermutet wird, dass sie über Leben, Tod und Religion auf Rapa Nui berichten. Noch im 19. Jahrhundert soll es Menschen gegeben haben, die diese Rongo-Rongo-Schrift lesen konnten, doch damals wurden die meisten Einheimischen von peruanischen Sklavenhändlern auf die Guano-Inseln verschleppt. Erst eine Intervention des damaligen Bischofs von Tahiti ließ die Überlebenden zurückkehren, von denen dann viele an Pocken während der Seereise starben. Kaum hundert Menschen sahen ihre Heimat wieder. So bleibt das Geheimnis bei den steinernen Männern. Und die schauen einen an, als hätten sie mit dieser Welt nichts zu schaffen.

CHILOÉ

Eigentlich liegen nur 13 Kilometer graues Wasser zwischen dem Festland und der Insel Chiloé, doch es ist eine Reise in eine andere Welt.

Wenig haben die Chiloten mit der Geschichte und Kultur Chiles gemein, und sie betonen das Eigenständige auch gerne. Dazu gehört, dass man auf Chiloé erst im Jahr 1826, acht Jahre nach der Unabhängigkeit, die Flagge des ehemaligen Kolonialherrn Spanien eingerollt hatte. Selbst das musste von Soldaten, die vom Festland her einmarschiert waren, erzwungen werden. Dafür haben sie ihre Fabelwesen bis in das 21. Jahrhundert hinübergerettet: anders als im übrigen Chile wird auf Chiloé das Glück oder Verhängnis mit überirdischen Mächen erklärt – vielleicht ein Relikt aus der indianischen Vergangenheit. Die Hauptrolle spielt dabei der virile Waldzwerg Trauco. Er hat an allem Unglück Schuld, besonders hat er es auf Jungfrauen abgesehen – en passant eine plausible Erklärung für uneheliche Kinder. Davon soll es ja etliche auf der Insel geben. Die Fischer dagegen müssen sich mit der schönen Nymphe La Pincoya gut stellen, denn sie allein kennt die reichen Fanggründe. Dann gibt es noch das Geisterschiff El Caleuche, das mit dem Lärm wilder Orgien die Männer aufs Meer lockt, außerdem die beiden Schlangen Caicaivilú und Tentenvilú, die Symbole für Erde und Wasser. Eine Version besagt, dass die Wasserschlange vom lasterhaften Treiben des Menschen aufgewacht sei, den Sturm gerufen hätte und das Land ertränken wollte. Durch den Lärm sei dann die Erdschlange ge-

weckt worden, die in letzter Minute das sinkende Stückchen Erde wieder nach oben gedrückt hätte. So ging es über viele Wochen, bis der Gott Ngenechen die Streiterei satt hatte und als Kompromiss eine Insel entstehen ließ, jenen »Ort der Möwen«, wie sich Chiloé auch nennt.

Diese Insel – nach Feuerland die zweitgrößte in Südamerika – ist etwa halb so groß wie Korsika und wird von dem letzten Stück der Panamericana quasi in Osten und Westen geteilt. Im Städtchen Quellón endet diese legendäre Straße, die in Alaska beginnt. Die meisten der 140 000 Chiloten leben auf der Ostseite, die dem Golf von Ancud zugewandt ist, denn hier wird die Wucht des Meeres durch viele tiefe Buchten, Halbinseln und Inseln abgebremst. Der Westen dagegen ist nahezu unbewohnt, denn an der Küstenkordillere tobt sich das schlechte Wetter aus, das der Pazifik heranbringt. Hier fehlt jegliche Infrastruktur, und die Wege sind nur mit einem Geländefahrzeug zu bewältigen.

Die Insel erinnert unwillkürlich an die Azoren: eine Idylle aus kleinen Dörfern mit Holzkirchen, bunten Holzhäusern mit Garten und Gartenzaun. Eingerahmt durch das Gelb des Stachelginsters, das Rot des Feuerbusches, das tiefe Grün der Wiesen und die dunkelbraune Erde der Felder, die übrigens schon seit 13 000 Jahren mit Kartoffeln bepflanzt werden, die hier ihre Heimat haben. Diese lange Tradition führte dazu, dass die Erdknollen durch ein Vielerlei an Formen und Farben verblüffen – von der langen Dünnen im dunklen Violett bis zur kurzen Knorzigen im klassischen Gelb.

Nur zwei Orte auf der Insel gelten als bemerkenswert: die Hauptstadt Castro

und Ancud. Letzterer liegt am Kanal von Chacao und ist gewissermaßen das Eingangstor nach Chiloé, das bis zur Öffnung des Panama-Kanals von sämtlichen Schiffen auf der Südpazifik-Route angefahren wurde. Damals bedeutete Ancud einen Lichtblick für die Matrosen – nach tausend Kilometern menschenleerer Küste. Heute lebt man vom Tourismus und, wie der ganze Süden Chiles, von der Lachszucht.

Von Ancud aus führt eine Schotterpiste bis an den Pazifik. Die langen Strände werden durch die Halbinsel Lacuy vor dem offenen Ozean geschützt. Dort befinden sich auch die vorgelagerten Inselchen der Islotes de Puñihuil, wo die Humboldt- und Magellanpinguine ihre Nistplätze haben.

Freiwillige der Fundación Otway fahren die Besucher in Zodiacs in die Nähe der Tiere. In wasserdichter Anglerhose und Schwimmweste erklärt Monika die Lebensweise der Pinguine. Trotz des rauen Wetters macht es ihr riesigen Spaß: »Ich bin verliebt in diese Vögel«, meint sie und strahlt dabei über das ganze Gesicht. Für diesen Wunschtraum hat sie sich eine kleine Auszeit vom Berufsleben in Deutschland gegönnt. Bezahlt wird diese Arbeit nicht, aber die Stiftung hat ihr ein kleines Haus am Strand zur Verfügung gestellt. Noch für etliche Monate wird sie diesen Job machen und dann die restliche Zeit in Südamerika herumreisen. »Aber im Moment«, sagt sie noch hinzu, »genieße ich jeden Augenblick mit meinen Pinguinen.«

Nur wenige Minuten weiter westlich beginnt die Pazifikküste. Steil geht es in eine Bucht hinunter, wo Hunderte von Nalcas stehen. Als Verwandte der Rhabarberpflanze erreichen ihre Blätter die Größe von Regenschirmen, was in Chiloé auch einen sehr praktischen Aspekt hat. Ein Mann kommt den Hang hinunter und sammelt die angeschwemmten Algen ein: eine gummiartige braune Masse, die sich mit den Händen nicht zerreißen lässt. Bei den Chiloten kommt sie in die Suppe oder wandert gebündelt über den Pazifik – in die Schönheitscremes der Japaner.

Mittelpunkt und das fotografische Aushängeschild der Insel ist Castro. Wohl kaum ein Plakat verzichtet auf die mächtige Kathedrale in ihren kräftigen Farben und die eher verblichenen Palafitos. Früher gab es diese Pfahlbauten in vielen Dörfern an der Küste, als die Stauer und Bootsfahrer in einer Zeit der regen Küstenschifffahrt dort lebten. Doch hat das schwere Erdbeben im Jahr 1960 die meisten Häuser zerstört. In Castro blieben nur jene im Barrio Gamboa übrig, die auf ihren überlangen schlaksigen Beinen über die Bucht ragen. Wenn gerade Ebbe ist, wirkt das besonders bizarr, denn der Unterschied zwischen den Gezeiten beträgt auf Chiloé ganze sieben Meter.

Jenes Erdbeben hat nicht nur das Aussehen der Insel verändert, sondern auch das Gleis zwischen Ancud und Castro weggerissen. Als Erinnerung an die einstige Eisenbahn hat man die deutsche Lokomotive an der Avenida Puerto Montt ausgestellt. Die Besonderheit dieses Zuges bestand darin, dass die Passagiere der dritten Klasse während der Anstiege aussteigen mussten, um zu schieben.

Bekannt ist Chiloé für seine Holzkirchen. Viele wurden von bayerischen Jesuiten gebaut, später von den nachfolgenden Franziskanern. Mehr als 150 gibt es auf der Insel, von denen manche mehr als 200 Jahre alt sind und neun unter Denkmalschutz stehen. Keine Kirche gleicht der anderen, Unterschiede in Größe, Architektur und der Form ihrer Schindeln geben ihnen ihre individuelle Note. Meist wurden sie ohne einen Nagel gebaut, da es zu jener Zeit kein Metall auf der Insel gab. Weil es heutzutage an Schreinern fehlt, die die Schindelbauweise beherrschen, sind die meisten Gotteshäuser in einem desolaten Zustand. Außerdem ist das Holz der Alerce zu kostbar geworden.

Vor vielen Jahren war Chiloé noch ganz mit Wäldern bedeckt. Die Pfahlbauten, Häuser und Kirchen aus Holz zeugen davon. Doch nach den Spaniern bedienten sich die Chilenen am Reichtum der Natur, denn besonders während des Salpeter-Booms im Norden des Landes brauchte man dringend Holz für die Bohlen der Bahngleise. Kurzerhand wurden tausende von Bäumen auf der ohnehin als rückstän-

In Achao wartet die Fähre zu den Inseln des Archipels.

dig geltenden Insel gefällt. Mit der Wiederaufforstung sind nun Eukalyptus und Koniferen auf die Insel gekommen; Arten, die es hier nie gegeben hat. Die Alerce-Bäume wachsen nur noch im Regenwald des Nationalparks Chiloé an der Westküste.

Das Örtchen Dalcahue wartet mit einer zauberhaften Kirche auf. Früher war hier ein wichtiger Ausfuhrhafen, und noch heute hat sich dort viel vom ursprünglichen Inselleben bewahrt.

Besonders am Sonntag kann man ein wenig in die chilotische Seele schauen: Mit Bussen und Autos kommen die Leute nach Dalcahue zum Markt. Viel authentischer als in Castro, wo viel Importware aus Bolivien angeboten wird, findet man hier gesponnene und selbst eingefärbte Wolle, handgestrickte Pullover und Mützen. Natürlich auch die Erzeugnisse von den Feldern wie Rüben, Salat und Kartoffeln. Daneben stapeln sich die gebündelten Algen, die Fische und Muscheln.

Oft dienen nur zwei grobe Bretter auf Böcken als Stände, oder die Waren liegen direkt auf dem Boden. Doch neben dem Einkaufen wird auch das Treffen von Freunden und Verwandten sehr geschätzt. Dabei wird viel gelacht und der Handel zu ausführlichen Gesprächen genutzt.

Gegen Mittag ist der Markt dann vorbei, in Windeseile wird alles zusammengepackt, und nur mehr ein paar leere Kartons fegt der Wind über die Straße. Längst sind die Menschen in den Kneipen rund um die Plaza verschwunden.

Die beste Aussicht bietet allerdings das Restaurant Brisas del Mar im letzten Palafito von Dalcahue. Hier steht »curanto« auf der Speisekarte, die Spezialität Chiloés. Das ist ein Eintopf aus allem, was Insel und Meer liefern. In Blätter gewickelt sollte dieses Gericht über Stunden zwischen heißen Steinen garen. Weil es einfacher ist, nimmt man heutzutage gerne die Pfanne, doch eigentlich muss »curanto« im Freien zubereitet werden. Dann finden sich alle zum Essen ein, selbst als Fremder wird man eingeladen, denn die Chiloten lieben die Gemeinschaft über alles und sind sehr gastfreundlich.

Vom Restaurant aus lassen sich die Angelkünste eines Einheimischen beobachten. Eine schlichte Schnur mit Haken wirft er ins Wasser und zieht nach wenigen Minuten einen Fisch heraus. Dann spielt ihm die hereinkommende Flut einen Streich. So schnell wie das Wasser steigt, muss er zurückweichen. Der Fisch allerdings bekommt die Chance seines Lebens und verschwindet auf Nimmerwiedersehen. Abendessen ade.

Im Hafen von Dalcahue wartet die Fähre zur Insel Quinchao. In Achao steht die älteste Kirche des Archipels: Santa Maria wurde im Jahr 1730 gebaut und ist gerade frisch restauriert worden. Ihr schöner Barockaltar steht nun unter einem frisch gestrichenen dunkelblauen Firmament mit vielen goldenen Sternen.

Auf Quinchao, dem Vorposten Chiloés, bekommt man einen Vorgeschmack davon, wie unfreundlich das Wetter in dieser Gegend sein kann. Eine nasse Kälte dringt durch den Anorak,

Marienverehrung in der Kirche San Franzisco in Castro.

und dazu bläst ein wirklich lästiger Wind. Unten an der Mole ist ein kleines Boot vertäut, dem man gar nicht zutrauen würde, dass es eine Überfahrt heil bewältigen kann. Doch da kommt eine ganze Gruppe von Frauen und steigt unbekümmert in das schwankende Gefährt. Sie waren auf einem Geburtstag in Achao und wollen nun wieder nach Hause: »Nur eine halbe Stunde zur nächsten Insel«, sagt eine der Frauen und deutet dorthin, wo ihre Heimat als dunkelgrauer Buckel aus dem Wasser ragt.

Zunächst will der Motor nicht anspringen, dann stiebt plötzlich eine dicke Rußwolke aus dem Schlot, und das Boot tuckert los. Längst tragen die Wellen weiße Schaumkronen, und das Boot tanzt wie ein Spielzeug auf dem Meer. Der Geruch der Rußwolke hängt noch immer in der Luft. Und noch für viele Minuten schaut man dem Schiffchen hinterher.

Hier scheint die Zeit keine Rolle zu spielen, und oftmals bleibt sie einfach stehen. Dazu passen die Ochsengespanne, die auf dem Festland zu einer Seltenheit geworden sind, oder Maulesel, die vor dem Pflug laufen.

Daten und Fakten

Noble Adresse: Das Alvear Palace Hotel in Buenos Aires. Oben rechts: Empanadas, gefüllte Teigtaschen, sind eine chilenische Spezialität. Rechte Seite: Fenster der Kathedrale von Jujuy.

Zeittafel

1470
Die Inkas dringen weit nach Süden vor und bringen ihre hoch entwickelte Kultur zu den Indianerstämmen Chiles und Argentiniens.

Argentinien

1515
Erster Versuch einer Gründung von Buenos Aires durch Juan de Solís, der allerdings fehlschlägt.

1535
Gründung von Buenos Aires durch Pedro de Mendoza, der die Siedlung nach massiven Angriffen der Indianer jedoch wieder aufgeben muss.

um 1620
Erste Missionsarbeiten der Jesuiten. Sie versuchen, die Guaraní-Indianer vor der Ausbeutung zu schützen und unterrichten sie in verschiedenen Handwerken.

1767
Die Jesuiten werden aus Südamerika vertrieben, nachdem sie für die Kolonialherren zu einer Bedrohung geworden sind.

25. Mai 1810
Datum der Unabhängigkeit vom Kolonialherrn Spanien.

1816
Nach sechs Jahren Bürgerkrieg um die neu zu besetzende Regierungsgewalt wird in Tucumán offiziell die Unabhängigkeit erklärt.

1833
England besetzt die Falklandinseln.

1817–1852
Spaltung der Macht zwischen Unitariern und Föderalisten.

DATEN UND FAKTEN

1852
Der diktatorische Juan Manuel de Rosas wird vom föderalistischen Caudillo-General Justo José de Urquiza vertrieben.

1853
Erstes Grundgesetz unter Justo José de Urquiza.

1862
Argentinien wird zu einem modernen Staat; der erste verfassungsmäßige Präsident wird gewählt: Bartolomé Mitre.

1876
Bildungspolitik und Einwanderung europäischer Fachkräfte werden gefördert.

1914–18 / 1939–45
Argentinien profitiert von den beiden Weltkriegen durch Fleisch- und Lederexporte.

1946
Soziale Reformen unter Perón.

1955
Perón muss ins Exil gehen: Nach dem Tod seiner Frau Evita (1952) kann er seine bisherige, arbeiterfreundliche Politik aufgrund leerer Staatskassen nicht halten.

1973
Nach Jahren der Orientierungslosigkeit wird Perón aus dem Exil zurückgebeten, um Ordnung in das Chaos zu bringen.

1974
Perón stirbt, und seine dritte Frau Isabelita übernimmt die Regierung, driftet aber schnell nach rechts ab.

1976
Eine Militärjunta um General Videla ergreift die Macht. Im »Schmutzigen Krieg« werden ideologische Säuberungsaktionen durchgeführt, bei denen Tausende umkommen.

1982
Invasion der englisch besetzten Falklandinseln, die drei Monate später mit einer Niederlage endet.

1983
Das Militärregime muss zurücktreten, und mit Raúl Alfonsin regiert wieder ein Präsident.

1989
Die Inflation galoppiert. Carlos Menem gewinnt die Wahlen und kann die wirtschaftliche Situation für kurze Zeit beruhigen. Die Industrie wird an private Eigentümer verkauft und es kommt Geld in die Staatskasse. Der Peso wird an den Dollar 1:1 gebunden.

1995
Menem wird wiedergewählt, doch es fehlt an durchgreifenden Reformen; die Bevölkerung verarmt zusehends.

1999
Der Rechtsanwalt de la Rúa übernimmt das Ruder.

2001
Schwere Revolten führen zur Amtsenthebung de la Rúas, der die Erwartungen der Bevölkerung nicht erfüllen kann.

2002
Eduardo Duhalde ist der aktuelle Präsident, der auf die Hilfe des Internationalen Währungsfonds (IWF) hofft. 32 Milliarden bräuchte Argentinien, um zu überleben. Inzwischen haben die Banken einfach geschlossen; der Peso als Währung ist vom Tauschmarkt-Geld »Créditos« abgelöst worden, das man durch den Verkauf von Lebensmitteln erwerben kann. Die Staatsangestellten drucken ihr eigenes Geld.

Mai 2002
Ausländische Gläubiger dürfen argentinische Unternehmen übernehmen, obwohl erst im Januar ein Gesetz zum Schutz der einheimischen Wirtschaft verabschiedet worden ist. Damit erfüllt das Land weitere Reformforderungen des IWF, und die Weltbank sichert Argentinien Unterstützung zu.

Chile

1536
Diego de Almagro gelangt durch die Atacama bis ins Aconcagua-Tal, aber kehrt – enttäuscht vom unwirtlichen Chile – wieder um.

1540
Gründung von Santiago durch Pedro de Valdivia.

bis 1777
Die Kolonialmacht Spanien erstickt den wirtschaftlichen Fortschritt; der Handel ist nur mit Spanien erlaubt.

1778
Chile wird zum unabhängigen Generalkapitanat; der Handel floriert.

18. September 1810
Nach der Eroberung Spaniens durch Napoleon wird die erste selbst ernannte Regierung eingesetzt.

Februar 1818
Nach zwei Schlachten gegen die Spanier kann Chile endlich seine Unabhängigkeit erklären.

1821
Freiheitsheld Bernardo O'Higgins wird zum ersten Regierungschef der jungen Nation ernannt, muss aber wegen seiner antiaristokratischen Politik nach kurzer Zeit ins Exil gehen.

1861
Das Land konsolidiert sich nach endlosen Bürgerkriegen.

1879–1884
Salpeterkrieg gegen Bolivien und Peru, der mit kräftiger Unterstützung Großbritanniens gewonnen wird. Durch den Sieg erhält Chile die Hoheit über die Minen.

1873–1902
Grenzkonflikte mit Argentinien.

1964
Der Christdemokrat Eduardo Frei Montalva verstaatlicht die Schlüsselindustrien.

1970–73
Salvador Allende kommt an die Macht, privatisiert die Kupferminen vollständig und macht sich zum Feind amerikanischer Interessen. Unterstützt von den Machenschaften des CIA fallen die Preise für Kupfer in den Keller, und Chi-

le steht am wirtschaftlichen Abgrund. Es folgen Streiks und Boykotts. Auch Allendes geplante Agrarreform zur Enteignung der riesigen Landgüter führt zum Unmut unter den reichen Familien des Landes.

1973–1990
Allende kommt bei einem Putsch am 11. September 1973 ums Leben und Augusto Pinochet als Chef einer Militärregierung an die Macht. Jede Opposition wird mundtot gemacht, und Chilenen der linken Szene verlassen zu Tausenden ihre Heimat.

1990–1994
Ein Volksentscheid zwingt Pinochet zum Rücktritt; als Präsident wählt man Patricio Aylwin. Pinochet bleibt Chef der Armee. Viele Chilenen kehren aus dem Exil zurück.

1994–98
Zweite Amtsperiode von Eduardo Frei.

1998
Pinochet wird in London festgenommen unter der Anklage des Völkermords und soll an Spanien ausgeliefert werden. Die Stimmung in Chile ist sehr gespalten. Schließlich darf Pinochet nach Chile zurückkehren; die Anklage auf Menschrechtsverletzung verläuft wegen angeblicher schlechter Gesundheit bzw. Immunität im Sande.

Argentinien und Chile von A bis Z

Anreise

Die einzige Direktverbindung nach Argentinien bietet Lufthansa; jeden Tag geht eine Maschine nach Buenos Aires. Die Aerolineas Argentinas fliegt im Moment nicht nach Deutschland. Man landet auf dem internationalen Flughafen von Ezeiza, rund 35 Kilometer außerhalb der Stadt. Zum Zentrum empfiehlt es sich, Taxis von »Remise« zu nehmen – sie werden im Voraus bezahlt (Schalter in der Ankunftshalle). Die Fahrt kostet 35 $. Bei fremden Taxis und besonders günstigen Fahrten ist Vorsicht geboten.
Nach Chile kommt man mit Lan Chile via Madrid, 5x pro Woche. Die Lufthansa fliegt täglich über Buenos Aires nach Santiago. Man landet auf dem Flughafen Arturo Merino Benitez, 26 Kilometer nordwestlich von Santiago. Das Taxi kostet 17 $; auch hier gibt es die Möglichkeit, den Preis im Voraus zu bezahlen bei »Airport Taxis«.

Auskunft und Information

Argentinien: Außenstelle der argentinischen Botschaft: Adenauerallee 50–52, 53113 Bonn, Tel. 228010, Fax 0228/2280130; Infos übers Internet: www.argentinische-botschaft.de.
Chile: Generalkonsulat von Chile, kleine Reichenbachstraße 1/IV, 20457 Hamburg Tel. 040/335835, Internet www.chileinfo.de.

Essen und Trinken

In Argentinien muss man Liebhaber saftiger Steaks sein, dagegen bietet die Küche in Chile mehr Variationen wie Fisch und Muscheln. Dazu gehört der »congrio«, ein Meeraal, die Königskrabbe »centolla« und die Abalone-Muscheln der »locos«. Aus der indianischen Küche stammen Humitas und Tamales, das sind Maisgerichte, die in Maisblättern eingewickelt sind. In beiden Ländern werden die Empanadas (auch gerne als Vorspeise) gegessen: Teigtaschen mit Fleisch, Käse oder Huhn gefüllt.

Feste

Sehenswert sind die Gauchofeste im argentinischen Salta und im chilenischen Rancagua (nationale Rodeo-Meisterschaft Ende März). Faschingsumzüge in Buenos Aires und Corrientes im Februar; Weinfeste am Ende der Weinlese Anfang März.

Geld

In Argentinien bezahlt man mit dem argentinischen Peso, doch lieber wird der Dollar angenommen.
In Chile ist das Zahlungsmittel der chilenische Peso.
In beiden Ländern sind Kreditkarten sehr verbreitet.

Kleidung

Außer in den Hauptstädten – wobei Buenos Aires sehr elegant ist – kleidet man sich eher leger.
Durch die Größe der beiden Länder trifft man auf nahezu jede Klimazone. Deshalb gilt generell: je weiter südlich, umso kälter. Der Norden ist dagegen trocken und heiß. Ausnahme ist der argentinische Nordosten mit seinem tropischen Klima. In der Seenregion kann es lange und heftig regnen.

Medizinische Versorgung

Der medizinische Standard ist mit dem europäischen vergleichbar und lässt insbesondere in Buenos Aires und Santiago nichts zu wünschen übrig. Einen ausgezeichneten Ruf genießen die Privatkliniken Clinica Almenania in den beiden Metropolen, die allerdings direkt bezahlt werden müssen. Vor Reiseantritt sollte unbedingt eine Auslandskrankenversicherung abgeschlossen werden.

Reisezeit

Die meisten Touristen kommen während der warmen Jahreszeit, das heißt in Südamerika zwischen Oktober und März. Es ist aber auch die Reisezeit der einheimischen Gäste, so dass es an beliebten Orten recht voll werden kann. Die Wüste der Atacama kann man das ganze Jahr über besuchen, und auch die tropische Region mit ihrem feuchtheißen Klima unterscheidet kaum zwischen den Jahreszeiten.

Patagonien ist von Oktober bis März extrem windig, danach beruhigt sich das Wetter. Noch weiter im Süden, in Feuerland, herrscht meist harsches Wetter, doch Spätsommer und Herbst (März und April) sind ein Fest der Farben.

Sicherheit

Argentinien gehört zu den sichersten Ländern Südamerikas. Nur in Buenos Aires sollte man bei den Taxis aufpassen: Nie auf der Straße einsteigen, sondern sie per Telefon rufen (lassen) oder jene nehmen, die vor den großen Hotels stehen! Chile ist wohl das sicherste Land Südamerikas, touristisch gut durchorganisiert und problemlos zu bereisen.

Sprache

In beiden Ländern spricht man Spanisch (castellano), in den Großstädten auch Englisch.

Straßenverkehr

Der Verkehr in Südamerika ist turbulent, aber toleranter als auf deutschen Straßen. Ein Handzeichen und Lächeln helfen in schwierigen Situationen. Die großen Überlandstraßen wie die Carretera Austral in Chile oder die Ruta Cuarenta in Argentinien verlangen einen vorausschauenden Autofahrer.

Telefon

Argentinien hat die Vorwahl 0054, für Buenos Aires braucht man die 1. Die Vorwahl für Chile ist 0056 und für Santiaga die 2.
Am problemlosesten telefoniert man in den Niederlassungen der Telefongesellschaften wie Telecom oder Telefonica.

Unterkünfte

Argentinien

In Buenos Aires:
Hotel Alvear Palace, Avenida Alvear 1891 in Buenos Aires, E-mail: alvear@satlink.com, Internet: www.lhw.com/alvearpal
Zu buchen über The Leading Hotels of the World, Tel. 0800-8521 100 Fax 069/13885-140
Mitten im eleganten Viertel von Recoleta gelegen, verkörpert dieses Grandhotel so ganz das Lebensgefühl der reichen Porteños.

In Pumamarca, in der Quebrada de Humahuaca:
El Manantial del Silencio, ein wunderschönes Hotel mit 12 Zimmern und ausgezeichneter Küche aus lokalen Produkten. E-mail: elsilencio@cootepal.com.ar

In Salta:
Hotel Salta: Dieses Hotel im Kolonialstil liegt direkt an der schönen Plaza von Salta, E-mail: hotel@salnet.acom.ar

Hotel El Lagar: Ein ehemaliges Herrenhaus ist nun ein kleines Hotel mit exquisiter Ausstattung. E-mail: ellagar@arnet.com.ar

Hostal Selva Montaña, am Rande des Regenwaldes in San Lorenzo. Das Haus wird von Norma und Werner Gräfe geführt. Sehr viel Atmosphäre und ein traumhafter Blick ins Grüne. E-mail: werner@arnet.com.ar

In Cafayte:
Auf einem Weingut übernachten kann man bei Michel Torino. Die Zimmer sind sehr elegant im spanischen Stil eingerichtet.
E-mail:fperkins@interserver.com.ar

An den Iguazú-Fällen:
Hotel Sheraton: Kein schönes Hotel, aber sehr praktisch gelegen, da man zu Fuß die Wasserfälle auf der argentinischen Seite besuchen kann. Sehr gutes Restaurant. Internet: www.sheraton.com

In Bariloche:
Hotel Llao Liao: Eines der ersten Luxushotels auf dem Land und noch heute Aushängeschild südamerikanischer Hotellerie. Zauberhaft gelegen auf einer Halbinsel am Lago Nahuel Huapi. Mit eigenem Golfplatz und Tennisplätzen. Tel. 0054-944-48530. E-mail: llaollao@datamarkets.com.ar

Chile

Santiago:
Hotel La Carrera, Teatinos 180 in Santiago, E-mail: hotel.carrera@chilenet.cl, www.lhw.com/carrera
Zu buchen über The Leading Hotels of the World, Tel. 0800-8521 100 Fax 069/13885-140

Hotel Casa Real: Auf dem Weingut Santa Rita gelegen unweit von Santiago, ist dieses ehemalige Herrenhaus ein Labsal für Seele und Magen. E-mail: hoteldasareal@santarita.cl

Bei Puerto Montt:
Alerce Mountain Lodge: Rund eine Stunde von Puerto Montt liegt diese Lodge auf 800 Metern inmitten eines privaten Waldes von 2000 Hektar. E-mail: mountain@telsur.cl, Internet: www.moutainlodge.cl

Hotel Termas de Puyuhuapí: Eine Idylle an einem der einsamsten Fjorde im Süden Chiles. Man kann die heißen Quellen unter freiem Himmel oder in einer Schwimmhalle genießen. E-mail: info@patagoniaconnex.cl, Internet: www.patagoniaconnex.cl

Zeit

Der Zeitunterschied zur Mitteleuropäischen Zeit (MEZ) beträgt in Argentinien minus vier bzw. fünf Stunden (Sommerzeit).
Zu Chile beträgt der Zeitunterschied minus vier Stunden (Oktober bis März) bzw. sechs Stunden (April bis September).

Register

Abalone 86
Achao 123
Aconcagua 12, 43, 88
Ahumada 45
Alcayaga, Lucila Godoy (siehe Mistral, Gabriela)
Alerce Mountain Lodge 102f
Allende, Isabel 17, 48
Allende, Salvador 16, 46
Ancud 122
Anden 43f, 68, 81, 88ff, 107
Antarktis 113ff
Antarktisvertrag 113
Antofagsta 67
Apacheta 71
Atacama 44, 65ff, 95
Avenida Corrientes 26

Balmaceda 100
Bandoneon 41
Bariloche 80
Beagle-Kanal 51, 83, 86
Behaim, Martin 82
Behring-See 81
Bellavista 7
Bodenschätze 12
Borges, Jorge Luis 17
Braun-Menendéz 13
Buenos Aires 12, 26ff, 41
Bustillo, Alejandro 80

Cafayete 65
Café Tortoni 28
Caicaivilú 121
Calama 68
Calchaqui 64
Calchaqui-Indianer 65
Calle Florida 29
Campo de Hielo Norte 107
Caracoles 69
Carlos di Bariloche (siehe Bariloche)
Carlos Gardel 41f
Carretera Austral 100, 102
Casa Rosada 33
Casares, Adolfo Bioy 17
Cascada de la Virgen 102
Castro 122
Ceibu 61
Cerro Alegre 49
Cerro Cristobal 47
Cerro Florida 49
Cerro San Valentin 107
Cerro Torre 94
Chatwin, Bruce 100
Che Guevara 34
Chilenische Schweiz 86f
Chiloé 120ff
Chuquicamata 68
Coca-Blätter 56
Collado, Sebastián 49
Colonia Dignidad 86
Cook, James 118
Cortazár, Julio 17
Coyhaique 100, 102
Cueva del Gigante 63
Curitíba-Staudamm 77f

Dalcahue 123
Darwin Range 81
Darwin, Charles 83
Das Catarates 77
de Magellanes, Fernando 51, 82f
de San Martin, José 35

de Vaca, Alvar Nuñez Cabeza 76
Deception Island 116
Difunta Correa 63
Dorfman, Ariel 16
Drake-Passage 51, 115

El Calafate 106
El Caleuche 120
El Molino 28
El Tatio 70
Estancias 12ff

Falklandinseln 34, 112f
Falklandkrieg 112
Feuerland 50, 80, 82
Feuerland-Indianer 83
Fischerei 12, 87, 102
Fitzroy, Robert 51, 83
Flamingos 56, 70
Friedhof La Recoleta 33
Frutillar 87

Gauchos 14
Geografie 12
Geschichte 10ff, 36, 45, 47f, 70, 79, 112f, 124ff
Geysire 70
Goldrausch 48
Golf von Ancud 121
Gol-Gol 87
Guaraní-Indianer 77, 79
Güemes, Martin Miguel 61
Gusinde, Martin 83

Haciendas 12f
Half Moon 116
Hanga Roa 116
Heyerdahl, Thor 119
Hotel Explora 69, 71
Hotu Matua 119
Huasos 14
Huérfanos 45
Humahuaca 62

Iguazú-Wasserfälle 76
Inka 59, 62, 92
Isla Negra 50

Jama-Pass 56
Jesuiten 86
Jujuy 56, 61

Kap Horn 115
Kelper 112
King George Island 116
Kon Tiki 119
Kostner, Kevin 116, 118
Kupferminen 12, 67ff

La Alameda 44
La Boca 37
La Chascona 47
La Pincoya 120
La Polverilla 59
La Sebastiana 49
La Virgen de Belém 59
Lacuy 122
Lago Argentino 106
Landwirtschaft 12
le Paige, Gustave 68
Lemaire-Kanal 115
Licancábur 56, 68, 70, 95
Literatur 15ff
Literatura fantástica 17
Llanquihue-See 87, 95
Llao Llao 80
Los Cardones 64
Los Glaciares 94

Maestri, Cesare 94
Magellan-Straße 51, 81, 86, 113
Mann, Thomas 48
Mapocho 47
Mapuche 86f
Mate-Tee 79f
Mendoza 92
Mercado Central 46
Messner, Reinhold 92
Mistral, Gabriela 16
Moais 116, 118f
Molinos 65
Museo del Fin del Mundo 51

Naipaul, V. S. 34
Neruda, Pablo 15, 17, 47, 49f, 80
Ngenechen 121
Nueve de Julio 29

Ökologischer Tourismus 78
Orchideen 78f
Osorno 80, 87, 95
Osterinsel 116

Palermo 30, 37
Panama-Kanal 51, 122
Paraná 77
Parque de los Menhires 65
Parque Los Alerces 103
Parque Nacional Iguazú 77
Parque Nacional Nahuel Huapí 80
Parque Nacional Vicente Pérez Rosales 80
Patagonien 12, 44, 51, 81, 94f, 100ff
Pelluco 102
Perito Moreno 106
Perón, Evita 33
Perón, Juan 14, 33f
Peulla 80
Pferderennen 30, 33
Philippi, Bernard 86
Piglia, Ricarcdo 17
Pinguine 86, 122
Piropo 29
Pisco-Sour 47, 103
Plaza de Armas 45
Plaza de Mayo 33ff
Polospiel 30, 33
Porteños 26, 29f, 33, 41
Porvenir 82
Psychoanalyse 43
Puerto Madero 43
Puerto Montt 86, 100, 102f
Puerto Natales 94
Puerto Williams 83, 86
Pukará de Quitor 69
Puna 56, 95
Punta Arenas 50ff, 80, 86
Puntiguado 80
Puritama 71
Puyuhuapí 102

Quebrada de Humahuaca 62
Quebrada Escoipe 63
Quilmes 65
Quinchao 123

Rano-Raraku-Vulkan 119
Rapa Nui (siehe Osterinsel)
Recoleta 33, 37
Reyes, Neftalí (siehe Neruda)
Rinderzucht 14
Rio de la Plata 12, 28, 37, 43, 82

Rio de las Conchas 63
Rio Grande 62
Rio Simpson 102
Rodeo 15
Roggeveen, Jacob 118
Rongo-Rongo-Schrift 119
Ruta 40 63
Ruta Cuarenta 100

Sábato, Ernesto 17
Salar de Atacama 70
Salpeter 45, 48, 51, 57, 67, 69
Salpeter-Krieg 67
Salta 59ff
San Antonio de los Cobres 59
San Franzisco 46
San Lorenzo 63
San Pedro de Atacama 56, 68
San Rafael 106f
San Salvador de Jujuy (siehe Jujuy)
San Telmo 36
Santa Lucia 46
Santiago 43ff, 69
Schafzucht 51, 83, 112
Schönheitschirurgen 43
Schuhputzer 46
See-Elefanten 116
Serrano-Gletscher 82
Sieben-Farben-Berge 61
Skármeta, Antonio 16, 45
Strafkolonie 51
Südshetland-Archipel 114
Susques 56

Tafí delle Valle 65
Tango 41
Teatro Colón 29
Tentenvilú 121
Termas de Puyuhuapí 102
Terra Australis 80, 86
Thatcher, Margaret 112
Todos los Santos 80
Tongariki 118f
Torres del Paine 94f
Trauco 120
Tren de las Nubes 59
Tucumán 63, 65
Tupungato 92

Ushuaia 50, 82

Valle de la Muerte 70
Valparaiso 47
Viña del Mar 49f
Vulkane 12, 77, 88ff

Wachwechsel 46
Wellblechhütten 37, 50
Wüste 53ff

Yacutinga Lodge 78f
Yamanas-Indianer 83
Yunga 63

Zurbriggen, Matthias 92
Zweig, Stefan 83

Impressum

Konzeption (verantwortlich), Lektorat, Bildredaktion und Bildgestaltung:
Robert Fischer

Textredaktion:
Solveig Michelsen

Produktion und Layout:
VerlagsService Dr. Helmut Neuberger & Karl Schaumann GmbH

Kartografie: Anneli Nau
Fotos S. 88–91: Giuliano Giongo

Udo Bernhart und Dagmar Kluthe danken LanChile für die freundliche Unterstützung ihrer Reisen in Chile und Robert Werner von Ruppert Brasil in München für die Oraganisation ihrer Ausflüge in Argentinien.

Alle Angaben dieses Werkes wurden von den Autoren sorgfältig recherchiert und auf den aktuellen Stand gebracht sowie vom Verlag auf Stimmigkeit geprüft. Für die Richtigkeit der Angaben kann jedoch keine Haftung übernommen werden. Für Hinweise und Anregungen sind wir jederzeit dankbar. Bitte richten Sie diese an den Bruckmann Verlag, Lektorat, Postfach 80 02 40, 81602 München, E-Mail: lektorat@bruckmann.de

Gesamtverzeichnis gratis:
Bruckmann Verlag,
81664 München
www.bruckmann.de

Gedruckt auf chlorfrei gebleichtem Papier

Die Deutsche Bibliothek – CIP-Einheitsaufnahme
Ein Titelsatz für diese Publikation ist bei DER DEUTSCHEN BIBLIOTHEK erhältlich.

© 2002 Bruckmann Verlag GmbH, München
Alle Rechte vorbehalten
Printed in Germany by Passavia
ISBN 3-7654-3745-X